**초등 영어, 이제 구문으로 읽어요!**

# 구문이 독해다

초등
**READing**
**2**

# 초등 영어,
# 구문이 독해다!!

**이런 학생에게 좋아요!**
- 단어와 문장의 기본기가 필요한 학생
- 문장에 대한 이해와 정확한 해석이 필요한 학생

**이래서 이 책이 좋아요!**
- 다양한 소재와 주제의 글감으로 읽는 재미를 주는 책
- 직독직해로 꼼꼼하게 읽을 수 있게 구성된 참신한 책

## 초등 영어 읽기, 어떻게 해야 할까?

### 1 단어와 문장에 대한 이해가 있어야 해요!

영단어와 우리말 뜻만을 수없이 반복하여 단어를 외우는 것이 아니라
서로 의미상 연결되는 단어끼리 <단어+단어>로 훈련해야 영어 읽기가 쉬워져요.
<구문이 독해다>에서 영어문장의 규칙을 미리 배우고 연습하면 긴 글도 쉽게 읽을 수 있어요.
워크북에서는 단어 덩어리와 문장을 우리말과 영어로 쓰는 연습을 할 수 있어요.
<구문이 독해다>로 공부하면 어떤 영어 문장을 만나도 읽고 쓰기가 가능해요!

### 2 끊어 읽기, 직독직해로 문장을 바로바로 해석해요!

글을 읽고 내용을 파악하는 것은 기본이죠.
하지만 좀 더 정확한 독해를 위해서는 문장을 규칙에 따라 끊어 읽고, 해석해야 해요.
워크북에서 주어진 영어 단어들을 문장으로 배열하고, 다시 우리말에 맞게 쓰다 보면
읽기뿐만 아니라 말하기, 쓰기까지 할 수 있어요!

## 해석력 UP!

### 기본기 상승을 위한 단어+문장 훈련

## 1 단어+단어가 묶여 주제를 이루고 연상되게 훈련

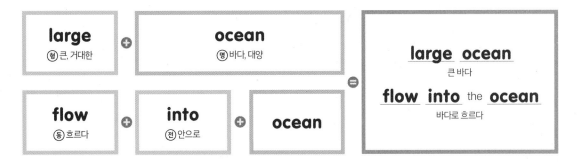

| **large** 형 큰, 거대한 | + | **ocean** 명 바다, 대양 | = | **large  ocean** 큰 바다 |
| **flow** 동 흐르다 | + **into** 전 안으로 | + **ocean** | | **flow  into  the  ocean** 바다로 흐르다 |

## 2 초등 필수 문법이 포함된 문장규칙으로 훈련

초등 필수 문법에 맞게 문장규칙을 배우고 연습하여 읽기가 정확해져요.

|  | 주어 | be동사 | 명사 |
|---|---|---|---|
| **be동사 + 명사** | **A mountain** 산은 | **is** 이다 | **high land.** 높은 땅. |

## 직독직해 훈련!

### 문장을 이해하는 방법

문장규칙에 따라 어떻게 끊어 읽는지를 확인하고 본문에서 조금 변형된 문장들을 재확인하다 보면 저절로 직독직해 방식과 문장을 활용하는 방법을 터득할 수 있어요.

| ✔ 본문 확인하기 | **A plain** 평원은 | **is** 이다 / | **flat land** . 평평한 땅 . |
| ✔ 본문 체크하기 | **A valley** | **is** / | **narrow land** . / |

# 단어와 문장규칙 ⊕ 지문 해석 ⊕ 본문 복습
# 3단계 시스템!

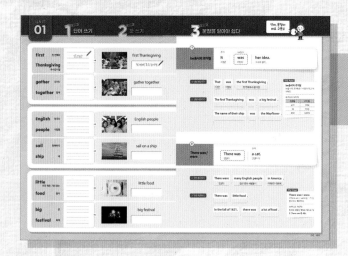

### 1 단어 덩어리 및 문장의 특징

단어를 의미별로 연결하고 문장의 특징을
연습하면 영어 reading도 쉬워져요.

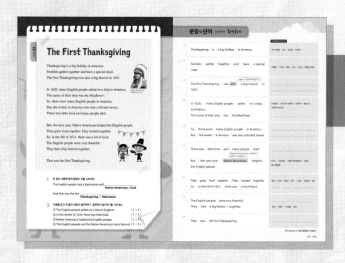

### 2 Reading확인 & 직독직해

fiction과 nonfiction의 재미있는 글을 읽고
문제를 풀면서 해석까지 할 수 있어요.

### 3 워크북 & 본문 복습

단어, 문장, 본문을 다시 복습할 수 있어요.
문장 전체를 QR로 듣고 따라 써보세요.

## • 문장+문법

### 핵심 문법 연습

초등 문법에 맞는 문장과 문법 설명을
확인하고 간단한 문제로 복습할 수
있습니다.

## • 단어 연습

### unit별 단어

서로 연관된 두 개의 단어를 한 번에
학습하는 코너입니다. 단순히 단어의
의미가 아니라 단어 덩어리의 의미가
연상되는 과학적인 구성입니다.

## • Part 시작

### 흥미로운 단원 소개

part의 단어들을 먼저 훑어보고 학습을 시작하면 더
집중하여 공부할 수 있습니다!

## • 지문 해석

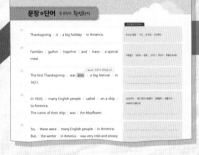

### 한 문장씩 해석하기

전체 지문을 한 문장씩 정확하게 해석해
볼 수 있습니다. 앞서 공부한 문장의 특징을
활용하면 해석이 빠르고 정확해집니다.

## • Reading

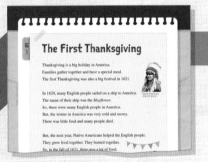

### 재미있는 글감

다양한 글감을 활용한 지문을 읽고
문제를 풀어보며 지문의 내용을 확인할
수 있는 코너입니다.

## • 본문 복습

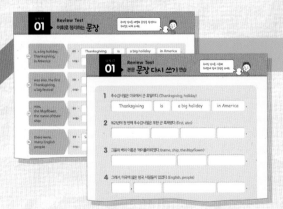

### 어휘로 정리하는 문장 / 본문 문장 다시 쓰기

문장을 어순에 맞게 배열하고 우리말로
해석해 보세요. 그러면 우리말에 맞게 영어
문장 쓰기가 훨씬 쉬워집니다.

## • 단어 복습

### 표로 정리하는 어휘

본문의 단어를 우리말, 영어로 써보며
복습할 수 있습니다.

## 문장 기본기와 끊어 읽기로 향상되는 **Reading Skill**

### UNIT 01    be동사의 과거형

- **be동사의 과거형**

| It | was | her idea. |

| That | was | the first Thanksgiving. |

- **There was / were**

| There was | a cat. |

| There were | many English people. |

### UNIT 02    be동사의 과거 의문문, 부정문

- **be동사의 과거 의문문**

| Was | this | your idea? |

| Was | the telephone | his invention? |

- **be동사의 과거 부정문**

| This | was not | her idea. |

| The telephone | was not | his invention. |

단어와 단어가 문장으로 연결되는 **Reading Skill**

| 1<br>**first**<br>☑ 첫 번째의<br>□ 두 번째의 | 2<br>**Thanksgiving**<br>□ 추수감사절<br>□ 크리스마스 | 3<br>**gather**<br>□ 모이다<br>□ 방문하다 | 4<br>**together**<br>□ 혼자서<br>□ 함께 |
|---|---|---|---|
| 5<br>**English**<br>□ 미국의<br>□ 영국의 | 6<br>**people**<br>□ 아이들<br>□ 사람들 | 7<br>**sail**<br>□ 항해하다<br>□ 판매하다 | 8<br>**ship**<br>□ 배<br>□ 비행기 |
| 9<br>**little**<br>□ 아주 적은, 거의 없는<br>□ 많은 | 10<br>**food**<br>□ 음식<br>□ 축제 | 11<br>**big**<br>□ 작은<br>□ 큰 | 12<br>**festival**<br>□ 음식<br>□ 축제 |

| 13<br>**famous**<br>□ 유명한<br>□ 친근한 | 14<br>**inventor**<br>□ 발명가<br>□ 발명품 | 15<br>**guess**<br>□ 만들다<br>□ 추측하다 | 16<br>**invention**<br>□ 발명가<br>□ 발명품 |
|---|---|---|---|
| 17<br>**invent**<br>□ 방문하다<br>□ 발명하다 | 18<br>**telephone**<br>□ 전화기<br>□ 비행기 | 19<br>**make**<br>□ 만들다<br>□ 추측하다 | 20<br>**airplane**<br>□ 전화기<br>□ 비행기 |
| 21<br>**thanks to**<br>□ ~덕분에<br>□ ~에도 불구하고 | 22<br>**light bulb**<br>□ 전기<br>□ 전구 | 23<br>**see**<br>□ 듣다<br>□ 보다 | 24<br>**at night**<br>□ 낮에<br>□ 밤에 |

정답은 p.105에서 확인

| first | 첫 번째의 | *first* |
| Thanksgiving | 추수감사절 | |

first Thanksgiving

첫 번째 추수감사절

| gather | 모이다 | |
| together | 함께 | |

gather together

---

| English | 영국의 | |
| people | 사람들 | |

English people

| sail | 항해하다 | |
| ship | 배 | |

sail on a ship

---

| little | 아주 적은, 거의 없는 | |
| food | 음식 | |

little food

| big | 큰 | |
| festival | 축제 | |

big festival

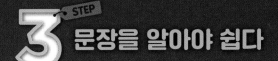

단어, 문장이 바로 구문!!

**①**

### be동사의 과거형

| 주어 | be동사 | |
|---|---|---|
| **It** 그것은 | **was** 이었다 | **her idea.** 그녀의 생각 . |

✓ 본문 확인하기

| **That** 그것은 | **was** 이었다 | **the first Thanksgiving** 첫 번째 추수감사절 | **.** |

✓ 본문 체크하기

| **The first Thanksgiving** | **was** | **a big festival** | **.** |
| _____ / ___ / _____ |

| **The name of their ship** | **was** | **the Mayflower** | **.** |
| _____ / ___ / _____ |

**핵심 Point**

**be동사의 과거형**
be동사의 과거형은 '~이었다'라고 해석해요.

**⊕ PLUS NOTE**

| 현재형 | 과거형 |
|---|---|
| am | was |
| is | was |
| are | were |

**②**

### There was / were

| **There was** 있었다 | 주어 **a cat.** 고양이가. |

✓ 본문 확인하기

| **There were** 있었다 | **many English people** 많은 영국 사람들이 | **in America** 아메리카 대륙에 | **.** |

✓ 본문 체크하기

| **There was** | **little food** | **.** |
| _____ / _____ |

| **In the fall of 1621,** | **there was** | **a lot of food** | **.** |
| _____ / _____ / _____ |

**핵심 Point**

**There was / were**
<There was / were>는 '~가 있었다'라고 해석해요.

**⊕ PLUS NOTE**
주어가 여럿을 뜻하는 복수인 경우 There were를 써요.

# The First Thanksgiving

*Native Americans:
아메리카 원주민

Thanksgiving is a big holiday in America.

Families gather together and have a special meal.

The first Thanksgiving was also a big festival in 1621.

In 1620, many English people sailed on a ship to America.

The name of their ship was the *Mayflower*.

So, there were many English people in America.

But, the winter in America was very cold and snowy.

There was little food and many people died.

But, the next year, Native Americans helped the English people.

They grew food together. They hunted together.

So, in the fall of 1621, there was a lot of food.

The English people were very thankful.

They had a big festival together.

That was the first Thanksgiving.

**1** 위 글의 내용에 맞게 알맞은 것을 고르세요.

The English people had a big festival with _____.
**Native Americans / God**

And that was the first _____.
**Thanksgiving / Halloween**

**2** 다음을 읽고 위 글의 내용과 일치하면 T, 일치하지 않으면 F를 고르세요.

① The English people sailed on a ship to England. ( T / F )

② In the winter of 1620, there was little food. ( T / F )

③ Native Americans helped the English people. ( T / F )

④ The English people and the Native Americans had a festival. ( T / F )

**우리말로 해석하기**

01

Thanksgiving / is / a big holiday / in America.

추수감사절은 / 이다 / 큰 휴일 / 미국에서.

02

Families / gather / together / and / have / a special meal.

가족들은 / 모인다 / 함께 / 그리고 / 먹는다 / 특별한 음식을.

03

**also**는 '또한'의 의미입니다.

The first Thanksgiving / was **also** / a big festival / in 1621.

_____ / _____ /

_____ / _____ .

04

In 1620, / many English people / sailed / on a ship / to America.
The name of their ship / was / the *Mayflower*.

1620년에, / 많은 영국 사람들이 / 항해했다 / 배를 타고 / 아메리카 대륙으로.

_____ / _____ / _____ .

05

So, / there were / many English people / in America.
But, / the winter / in America / was very cold and snowy.

_____ / _____ / _____ / _____ .

_____ / _____ / _____ / _____ .

06

There was / little food / and / many people / died.

_____ / _____ /

_____ / _____ .

**Native Americans**는 '아메리카 원주민'의 의미입니다.

But, / the next year, / Native Americans / helped / the English people.

하지만, / 다음 해에, / 아메리카 원주민들이 / 도왔다 / 영국 사람들을.

07

They / grew / food / together. // They / hunted / together.
So, / in the fall of 1621, / there was / a lot of food.

그들은 / 길렀다 / 음식을 / 함께. // 그들은 / 사냥했다 / 함께.

_____ / _____ / _____ / _____ .

08

The English people / were very thankful.
They / had / a big festival / together.

_____ / _____ .

그들은 / 가졌다 / 큰 축제를 / 함께.

09

That / was / the first Thanksgiving.

_____ / _____ .

Workbook p.2에서 문장을 더 연습하기

# UNIT 02

| famous | 유명한 | famous |
| --- | --- | --- |
| inventor | 발명가 | |

famous inventor

유명한 발명가

| guess | 추측하다 | |
| --- | --- | --- |
| invention | 발명품 | |

guess the invention

| invent | 발명하다 | |
| --- | --- | --- |
| telephone | 전화기 | |

invent the telephone

| make | 만들다 | |
| --- | --- | --- |
| airplane | 비행기 | |

make the airplane

| thanks to | ~덕분에 | |
| --- | --- | --- |
| light bulb | 전구 | |

thanks to the light bulb

| see | 보다 | |
| --- | --- | --- |
| at night | 밤에 | |

see at night

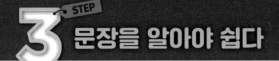 

단어, 문장이
바로 구문!!

① **be동사의 과거 의문문**

| be동사 | 주어 | |
|---|---|---|
| **Was** | **this** | **your idea?** |
| 이었는가 | 이것은 | 너의 생각? |

**본문 확인하기**

| Was | the telephone | his invention ? |
|---|---|---|
| 이었는가 / | 전화기는 / | 그의 발명품 ? |

**본문 체크하기**

| Was | the airplane | his invention ? |
|---|---|---|
| ___ / | ___ / | ___ ? |

| Was | the light bulb | his invention ? |
|---|---|---|
| ___ / | ___ / | ___ ? |

**핵심 Point**

**be동사의 과거 의문문**
<be동사 과거형+주어>의 의문문은 '~이었는가?'라고 해석해요.

**⊕ PLUS NOTE**
be동사를 문장의 맨 앞으로 가져오면 의문문을 만들 수 있어요.
ex. This was her idea.
Was this her idea?

② **be동사의 과거 부정문**

| 주어 | be동사 + not | |
|---|---|---|
| **This** | **was not** | **her idea.** |
| 이것은 | 아니었다 | 그녀의 생각이. |

**본문 확인하기**

| The telephone | was not | his invention . |
|---|---|---|
| 전화기는 / | 아니었다 / | 그의 발명품이 |

**본문 체크하기**

| The airplane | was not | his invention . |
|---|---|---|
| ___ / | ___ / | ___ |

**핵심 Point**

**be동사의 과거 부정문**
<be동사 과거형+not>의 부정문은 '~가 아니었다'라고 해석해요.

**⊕ PLUS NOTE**
be동사 뒤에 not을 붙이면 부정문을 만들 수 있어요.
ex. This was her idea.
This was not her idea.

# Edison's Inventions

Thomas Edison was a famous inventor.

He made more than 1,000 inventions.

Let's guess what they are.

Was the telephone his invention?

No, the telephone was not his invention.

Alexander Graham Bell invented the telephone.

Was the airplane his invention?

No, the airplane was not his invention.

The Wright brothers made the airplane.

Thomas Edison

Was the light bulb his invention?

Yes, the light bulb was his invention.

Thanks to the light bulb, we can see at night.

---

**1** 다음을 읽고 위 글의 내용과 일치하면 T, 일치하지 않으면 F를 고르세요.

① Thomas Edison invented the light bulb. ( T / F )

② Thomas Edison invented the telephone. ( T / F )

**2** 위 글의 내용에 맞게 알맞은 것을 고르세요.

① Thomas Edison was a famous [ **invention** / **inventor** ].

② Alexander Graham Bell [ **invented** / **invention** ] the telephone.

③ The Wright brothers invented the [ **airplane** / **light bulb** ].

Thomas Edison

**우리말로 해석하기**

01

Thomas Edison / was / a famous inventor.

토마스 에디슨은 / 이었다 / 유명한 발명가.

02

He / made / more than 1,000 inventions.

> more than은 '~이상의'의 의미입니다.

_____ / _____ / _____.

03

Let's guess / what they are .

> what they are는 '그것들이 무엇인지'의 의미입니다.

_____ / _____.

04

Was / the telephone / his invention?

_____ / _____ / _____?

05

No, / the telephone / was not / his invention.

_____ / _____
_____ / _____.

06

Alexander Graham Bell / invented / the telephone.

알렉산더 그레이엄 벨이 / 발명했다 / 전화기를.

07

Was / the airplane / his invention?
No, / the airplane / was not / his invention.

_____ / _____ / _____?
_____ / _____ /
_____ / _____.

08

The Wright brothers / made / the airplane.
Was / the light bulb / his invention?

라이트 형제가 / 만들었다 / 비행기를.
_____ / _____ / _____?

09

Yes, / the light bulb / was / his invention.

Thanks to the light bulb, / we / can see / at night.

_____ / _____
_____ / _____

전구 덕분에, / 우리는 / 볼 수 있다 / 밤에.

**Workbook p.5에서 문장을 더 연습하기**

# PART 2 : 일반동사 과거형
단어와 문장규칙으로 읽는 Reading, 구문이 독해다

## 문장 기본기와 끊어 읽기로 향상되는 Reading Skill

### UNIT 03　일반동사의 과거형 변화

- 규칙 과거동사

  The old man ┊ | planted | ┊ a seed.

  The old man ┊ | needed | ┊ some food.

- 불규칙 과거동사

  He ┊ | went | ┊ to the garden.

  The turnip ┊ | grew | ┊ bigger and bigger.

### UNIT 04　일반동사의 과거 부정문, 의문문

- 과거시제의 부정문

  He ┊ | didn't have | ┊ dinner.

  The crow ┊ | didn't know. |

- 과거시제의 의문문

  | Did you hear | ┊ the news?

  | Did he have | ┊ anything ┊ in his beak?

단어와 단어가 문장으로 연결되는 **Reading Skill**

1
**plant**
☑ 심다
□ 자라다

2
**seed**
□ 씨앗
□ 꽃

3
**turnip**
□ 당근
□ 순무

4
**grow**
□ 심다
□ 자라다

5
**need**
□ 필요로 하다
□ ~하고 싶다

6
**food**
□ 과일
□ 음식

7
**want to**
□ 필요로 하다
□ ~하고 싶다

8
**eat**
□ 잡아당기다
□ 먹다

9
**try to**
□ ~하려고 애쓰다
□ 나오다

10
**pull**
□ 잡아당기다
□ 먹다

11
**finally**
□ 처음에
□ 마침내

12
**come out**
□ ~하려고 애쓰다
□ 나오다

13
**crow**
□ 오리
□ 까마귀

14
**sit**
□ 앉다
□ 서다

15
**piece**
□ 조각
□ 평화

16
**cheese**
□ 우유
□ 치즈

17
**hungry**
□ 졸린
□ 배고픈

18
**fox**
□ 늑대
□ 여우

19
**smart**
□ 똑똑한
□ 어리석은

20
**idea**
□ 생각
□ 행동

21
**open**
□ 열다
□ 닫다

22
**beak**
□ 부리
□ 발톱

23
**get**
□ 받다
□ 주다

24
**back**
□ 멀리
□ 다시

정답은 p.105에서 확인

| | | |
|---|---|---|
| **plant** 심다 | plant | |
| **seed** 씨앗 | | plant a seed |
| | | 씨앗을 심다 |

| | | |
|---|---|---|
| **turnip** 순무 | | the turnip grows |
| **grow** 자라다 | | |

| | | |
|---|---|---|
| **need** 필요로 하다 | | need some food |
| **food** 음식 | | |

| | | |
|---|---|---|
| **want to** ~하고 싶다 | | want to eat |
| **eat** 먹다 | | |

| | | |
|---|---|---|
| **try to** ~하려고 애쓰다 | | try to pull |
| **pull** 잡아당기다 | | |

| | | |
|---|---|---|
| **finally** 마침내 | | finally come out |
| **come out** 나오다 | | |

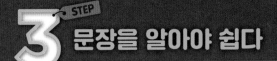

# 3 STEP 문장을 알아야 쉽다

단어, 문장이
바로 구문!!

## ① 규칙 과거동사

| 주어 | 과거동사 | |
|---|---|---|
| **The old man** | **planted** | **a seed.** |
| 할아버지가 | 심었다 | 씨앗을. |

✓ 본문 확인하기

| The old man | needed | some food | . |
|---|---|---|---|
| 할아버지는 / | 필요로 했다 / | 약간의 음식을 | . |

✓ 본문 체크하기

| He | wanted to eat | the turnip | . |
|---|---|---|---|
| ___ / | ___ / | ___ | |

| He | tried to pull | the turnip | . |
|---|---|---|---|
| ___ / | ___ / | ___ | |

**핵심 Point**

**규칙 과거동사**
'~했다'의 의미를 지니는 과거동사는 동사
원형에 -(e)d를 붙여 만들 수 있어요.

**⊕ PLUS NOTE**
<자음+y>로 끝나는 동사는 y를 i로 바꾸고
-(e)d를 붙여서 과거형을 만들어요.
ex. try → tried

## ② 불규칙 과거동사

| 주어 | 과거동사 | |
|---|---|---|
| **He** | **went** | **to the garden.** |
| 그는 | 갔다 | 정원으로. |

✓ 본문 확인하기

| The turnip | grew | bigger and bigger | . |
|---|---|---|---|
| 순무는 / | 자라났다 / | 점점 더 크게 | . |

✓ 본문 체크하기

| The turnip | came out | . |
|---|---|---|
| ___ / | ___ | . |

**핵심 Point**

**불규칙 과거동사**
과거동사의 형태가 불규칙적으로 변하는
동사들은 따로 외워주어요.

**⊕ PLUS NOTE**

| 현재형 | 과거형 |
|---|---|
| go | went |
| grow | grew |
| come | came |

# The Old Man and the Turnip

The old man planted a seed in the ground.

It was a turnip seed.

The turnip grew bigger and bigger.

It became very big.

The old man needed some food.

He wanted to eat the turnip.

He tried to pull the turnip.

But the turnip didn't move.

The old man called the old woman.

"Come and help!" he shouted.

They pulled and pulled and pulled.

Finally, the turnip came out.

They were both happy.

**1** 위 글의 내용에 맞게 빈칸에 알맞은 것을 고르세요.

**The old man _____ a seed and got a very big _____.**

a. planted – flower       b. pulled – turnip       c. planted – turnip

**2** 위 글의 내용에 맞게 알맞은 것을 고르세요.

① The old man [ **wanted to** / **became** ] eat the turnip.

② He [ **pulled** / **pushed** ] the turnip.

③ The old man [ **called** / **tried** ] the old woman.

④ Finally, the turnip [ **came** / **called** ] out.

# 문장+단어 한문장씩 확인하기

**01** The old man / planted / a seed / in the ground.

할아버지가 / 심었다 / 씨앗을 / 땅에 .

**02** It / was / a turnip seed.

그것은 / 이었다 / 순무 씨앗 .

**03** The turnip / grew / bigger and bigger .

> bigger and bigger는 '점점 더 크게'의 의미입니다.

_____ / _____ / _____ .

**04** It / became / very big.

_____ / _____ / _____ .

**05** The old man / needed / some food.

_____ / _____ / _____ .

**06** He / wanted to eat / the turnip.
He / tried to pull / the turnip.

_____ / _____ / _____ .
_____ / _____ / _____ .

**07** But / the turnip / didn't move.
The old man / called / the old woman.

> didn't는 과거시제의 부정문을 만들 때 사용합니다.

하지만 / 순무는 / 움직이지 않았다 .
_____ / _____ / _____ .

**08** "Come and help!" / he / shouted.
They / pulled / and pulled / and pulled.

"와서 도와줘!" / 그는 / 소리쳤다 .
_____ / _____ /
_____ / _____ .

**09** Finally, / the turnip / came out.
They / were both happy.

_____ / _____ / _____ .
그들은 / 둘 다 행복했다 .

Workbook p.8에서 문장을 더 연습하기

| crow | 까마귀 | _crow_ |
| sit | 앉다 | |

a crow sits

까마귀가 앉다

| piece | 조각 | |
| cheese | 치즈 | |

a piece of cheese

| hungry | 배고픈 | |
| fox | 여우 | |

hungry fox

| smart | 똑똑한 | |
| idea | 생각 | |

smart idea

| open | 열다 | |
| beak | 부리 | |

open his beak

| get | 받다 | |
| back | 다시 | |

get back

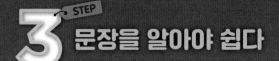

**①**

### 과거시제의 부정문

| 주어 | didn't + 동사 | 목적어 |
|---|---|---|
| **He** | **didn't have** | **dinner.** |
| 그는 | 먹지 않았다 | 저녁을. |

✓ 본문 확인하기

| The crow | didn't know . |
|---|---|
| 까마귀는 / | 알지 못했다 . |

✓ 본문 체크하기

| The crow | didn't get | the cheese . |
|---|---|---|
| _____ / | _____ / | _____ . |

**핵심 Point**

**과거시제의 부정문**
<didn't+동사원형>의 부정문은 '~하지 않았다'라고 해석해요.

**⊕ PLUS NOTE**
과거시제의 부정문은 주어의 종류와 상관없이 didn't를 써요.

**②**

### 과거시제의 의문문

| did + 주어 + 동사 | |
|---|---|
| **Did you hear** | **the news?** |
| 당신은 들었는가 | 그 뉴스를? |

✓ 본문 확인하기

| Did he have | anything | in his beak ? |
|---|---|---|
| 그가 가지고 있었는가 / | 무언가를 / | 그의 부리 안에 ? |

✓ 본문 체크하기

| Did the fox want | the cheese ? |
|---|---|
| _____ / | _____ ? |

| Did the crow get | his cheese | back ? |
|---|---|---|
| _____ / | _____ / | _____ ? |

**핵심 Point**

**과거시제의 의문문**
<Did+주어+동사원형>의 의문문은 '~가 …했는가?'라고 해석해요.

**⊕ PLUS NOTE**
과거시제의 의문문은 주어의 종류와 상관없이 did를 써요.

# The Fox and the Crow

A crow sat in a tree.

Did he have anything in his beak?

Yes, he had a big piece of cheese in his beak.

A fox sat under the tree.

He didn't have dinner. He was hungry.

Did the fox want the cheese?

Yes, he did. And he had a smart idea.

He asked the crow, "Can you sing for me?"

The crow didn't know about the fox's idea.

He opened his beak and sang.

When he opened his beak, the cheese fell down.

Did the crow get his cheese back?

No, the crow didn't get his cheese back.

The fox got the cheese. He ate it for his dinner.

---

**1** 위 글의 내용에 맞게 빈칸에 알맞은 것을 고르세요.

**The fox took the _____ from the crow with his _____ idea.**

a. cheese – smart　　　b. dinner – hungry　　　c. cheese – hungry

**2** 위 글의 내용에 맞게 알맞은 것을 고르세요.

① The crow had a big piece of [ **cheese** / **meat** ] in his beak.

② The fox had a [ **smart** / **stupid** ] idea.

③ The crow [ **closed** / **opened** ] his beak and sang.

④ The fox [ **sang** / **ate** ] the cheese for his dinner.

**01**

A crow / sat / in a tree.

까마귀가 / 앉았다 / 나무에.

**02**

Did he have / anything / in his beak?

Yes, / he / had / a big piece of cheese / in his beak.

_____ / _____ / _____ ?

_____ / _____ / _____

_____ / _____ .

**03**

A fox / sat / under the tree.

여우가 / 앉았다 / 나무 아래에.

**04**

He / didn't have / dinner.

He / was hungry.

_____ / _____ / _____

_____ / _____

**05**

Did the fox want / the cheese?

Yes, / he / did. // And he / had / a smart idea.

_____ / _____ ?

그렇다, / 그는 / 그랬다. // 그리고 그는 / 가지고 있었다 / 똑똑한 생각을.

**06**

He / asked / the crow, / "Can you sing / for me?"

The crow / didn't know / about the fox's idea.

그는 / 물었다 / 까마귀에게, / "노래해줄 수 있니 / 나를 위해?"

_____ / _____ / _____

**07**

He / opened / his beak / and sang.

When he opened / his beak, / the cheese / fell down.

> when은 '~할 때'의 의미입니다.

그는 / 열었다 / 그의 부리를 / 그리고 노래했다.

_____ / _____ / _____ /

_____ / _____ .

**08**

Did the crow get / his cheese / back?

No, / the crow / didn't get / his cheese / back.

_____ / _____ / _____ ?

_____ / _____ / _____ /

_____ / _____ .

**09**

The fox / got / the cheese.

He / ate / it / for his dinner.

여우가 / 받았다 / 치즈를.

그는 / 먹었다 / 그것을 / 그의 저녁으로.

**Workbook p.11에서 문장을 더 연습하기**

# PART 3 : 문장형식
단어와 문장규칙으로 읽는 Reading, 구문이 독해다

문장 기본기와 끊어 읽기로 향상되는 **Reading Skill**

## UNIT 05 1, 2, 3형식 동사

- 목적어가 없는 동사

  He | lives | in Seoul.

- 목적어가 있는 동사

  Trees | grow | new leaves.

## UNIT 06 4형식 동사

- 목적어가 두 개인 동사

  They | give | me | a present.

- 간접목적어의 변화

  They | give | a present | to me.

## UNIT 07 5형식 동사

- 목적격 보어 1

  They | find | it | interesting.

- 목적격 보어 2

  You | make | me | smile.

단어와 단어가 문장으로 연결되는 **Reading Skill**

1
**season**
□ 양념
☑ 계절

2
**warm**
□ 따뜻한
□ 시원한

3
**spring**
□ 새싹
□ 봄

4
**grow**
□ 기르다
□ 멈추다

5
**summer**
□ 바다
□ 여름

6
**cool**
□ 따뜻한
□ 시원한

7
**fall**
□ 낙엽
□ 가을

8
**winter**
□ 겨울
□ 눈

9
**different**
□ 다른
□ 같은

10
**store**
□ 집
□ 가게

11
**city**
□ 도시
□ 시골

12
**show**
□ 바라보다
□ 보여주다

13
**teach**
□ 가르치다
□ 가리키다

14
**cook**
□ 요리하다
□ 가져가다

15
**close**
□ 가까운
□ 먼

16
**friend**
□ 형제
□ 친구

17
**important**
□ 중요한
□ 중요하지 않은

18
**survival**
□ 실종
□ 생존

19
**energy**
□ 머리
□ 에너지

20
**delicious**
□ 맛없는
□ 맛있는

21
**sick**
□ 아픈
□ 건강한

22
**pyramid**
□ 스핑크스
□ 피라미드

23
**help**
□ 주다
□ 돕다

24
**body**
□ 머리
□ 몸

정답은 p.106에서 확인

| season | 계절 | _season_ |
| change | 변하다 | |

seasons change

계절은 변한다

| warm | 따뜻한 | |
| spring | 봄 | |

warm spring

| grow | 기르다 | |
| leaves | 잎사귀들 | |

grow leaves

| sunny | 화창한 | |
| summer | 여름 | |

sunny summer

| cool | 시원한 | |
| fall | 가을 | |

cool fall

| snowy | 눈이 오는 | |
| winter | 겨울 | |

snowy winter

단어, 문장이
바로 구문!!

### ① 목적어가 없는 동사

| 주어 | 동사 | |
|---|---|---|
| **He** 그는 | **lives** 산다 | **in Seoul.** 서울에. |

✓ 본문 확인하기

| **Spring** 봄은 / | **is warm** . 따뜻하다 . |
|---|---|

✓ 본문 체크하기

| **Summer** | **comes** | **after spring** . |
|---|---|---|
| _____ / | _____ / | _____ . |

| **Summer** | **is hot and sunny** . |
|---|---|
| _____ / | _____ . |

**핵심 Point**

**목적어가 없는 동사**
live, come, be, become 등의 동사들은 주어와 주격 보어만으로 문장을 완성해요.

**⊕ PLUS NOTE**

| 1형식 (주어+동사) | come(오다), bloom (피다), live(살다) 등 ex. Summer comes. (여름은 온다) |
|---|---|
| 2형식 (주어+동사 +주격 보어) | be(이다, 하다), become (되다) 등 ex. Spring is warm. (봄은 따뜻하다) |

### ② 목적어가 있는 동사

| 주어 | 동사 | 목적어 | |
|---|---|---|---|
| **Trees** 나무들은 | **grow** 기른다 | **new leaves** 새 잎사귀들을 | **in spring.** 봄에. |

✓ 본문 확인하기

| **Trees** 나무들은 / | **have** 가진다 / | **many green leaves** . 많은 초록색 잎사귀들을 . |
|---|---|---|

✓ 본문 체크하기

| **Leaves** | **change** | **color** . |
|---|---|---|
| _____ / | _____ / | _____ . |

**핵심 Point**

**목적어가 있는 동사**
grow, have, change 등 3형식 동사들은 목적어를 가지고, 목적어는 '~을(를)'이라고 해석해요.

**⊕ PLUS NOTE**
어떤 동사들은 문맥에 따라 1형식 동사와 3형식 동사 모두 될 수 있어요.
Ex) change - 변하다 (1형식)
　　　　 - 변화시키다, 바꾸다 (3형식)
　 grow - 자라다 (1형식)
　　　　 - 기르다 (3형식)

# Four Seasons

A year has four seasons.

They are spring, summer, fall, and winter.

Weather changes from season to season.

Spring is warm. Just look at any field!

Flowers bloom in spring. And trees grow new leaves.

Summer comes after spring. Summer is hot and sunny.

Trees have many green leaves in summer.

Fall comes after summer. Fall is cool.

In fall, leaves change color and fall from trees.

Winter comes next. Winter is cold and snowy.

Many trees have no leaves in winter.

We can see a different face of nature with each season.

**1** 위 글의 내용에 맞게 빈칸에 알맞은 것을 고르세요.

**Weather _____ from season to _____ .**

a. has – leaves          b. bloom – color          c. changes - season

**2** 위 글의 내용에 맞게 알맞은 것을 고르세요.

① Trees grow new leaves in [ **spring** / **fall** ].

② Leaves fall from trees in [ **spring** / **fall** ].

③ Summer is [ **hot** / **cold** ] and sunny.

④ Winter is cold and [ **snowy** / **rainy** ].

우리말로 해석하기

**01** A year / has / four seasons.

일 년은 / 가지고 있다 / 사계절을.

**02** They / are / spring, summer, fall, and winter.

그들은 / 이다 / 봄, 여름, 가을, 그리고 겨울.

**03** Weather / changes / from season to season.

날씨는 / 변한다 / 계절에 따라.

**04** Spring / is warm. // Just look at / any field!

봄은 / 따뜻하다. // _____ / _____ !

**05** Flowers / bloom / in spring.

_____ / _____ / _____

And trees / grow / new leaves.

_____ / _____ / _____

**06** Summer / comes / after spring.

_____ / _____ / _____

Summer / is hot and sunny.

여름은 / 덥고 화창하다.

Trees / have / many green leaves / in summer.

_____ / _____ / _____

_____ / _____ .

**07** Fall / comes / after summer.

_____ / _____ / _____

Fall / is cool.

가을은 / 시원하다.

In fall, / leaves / change / color / and fall / from trees.

_____ / _____ / _____

_____ / _____ .

**08** Winter / comes / next.

_____ / _____ / _____

Winter / is cold and snowy.

겨울은 / 춥고 눈이 온다.

Many trees / have no leaves / in winter.

_____ / _____ .

**09** We / can see / a different face of nature / with each season.

_____ / _____

_____ / _____ .

Workbook p.14에서 문장을 더 연습하기

# UNIT 06

| look | 보이다 | _look_ |
| different | 다른 | |

look different

다르게 보이다

| store | 가게 | |
| city | 도시 | |

stores in a city

| show | 보여주다 | |
| how to hunt | 사냥하는 법 | |

show how to hunt

| teach | 가르치다 | |
| how to grow | 기르는 법 | |

teach how to grow

| cook | 요리하다 | |
| food | 음식 | |

cook some food

| close | 가까운 | |
| friend | 친구 | |

close friends

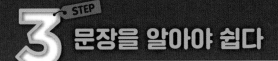
**①**

**목적어가 두 개인 동사**

| 주어 | 동사 | 간접목적어 | 직접목적어 |
|------|------|-----------|-----------|
| **They** 그들은 | **give** 준다 | **me** 나에게 | **a present.** 선물을. |

✓ 본문 확인하기

| They | showed | the people | how to hunt . |
|------|--------|-----------|---------------|
| 그들은 / | 보여주었다 / | 그 사람들에게 / | 사냥하는 법을 . |

✓ 본문 체크하기

| They | taught | the people | how to grow food . |
|------|--------|-----------|--------------------|

**핵심 Point**

**목적어가 두 개인 동사**
4형식 동사는 간접목적어(~에게)와 직접목적어(~을/를)의 두 개의 목적어를 가져요.

**⊕ PLUS NOTE**
대표적인 4형식 동사로는 give(주다), show(보여주다), teach(가르치다), cook(요리해주다), buy(사주다) 등이 있어요.

**②**

**간접목적어의 변화**

| 주어 | 동사 | 직접목적어 | 전치사구 <전치사 + 간접목적어> |
|------|------|-----------|-------------------------------|
| **They** 그들은 | **give** 준다 | **a present** 선물을 | **to me.** 나에게. |

✓ 본문 확인하기

| They | cooked | some food |
|------|--------|-----------|
| 그들은 / | 요리해 주었다 / | 약간의 음식을 / |

**for the American Indians .**
아메리카 인디언들에게 .

✓ 본문 체크하기

| They | gave | presents |
|------|------|----------|

**to the American Indians .**

**핵심 Point**

**간접목적어의 변화**
4형식 문장의 간접목적어는 <전치사 + 간접목적어>로 바꾸어 문장의 맨 뒤로 보낼 수 있어요.
ex. They give me a present.

They give a present to me.

**⊕ PLUS NOTE**
간접목적어를 변화시킬 때 사용하는 전치사는 동사에 따라 달라져요.

| to | give, show, teach |
|-----|-------------------|
| for | buy, cook, make |
| of | ask, inquire |

# American Indians

Many, many years ago, America looked different.

There were no cities, stores, or cars.

American Indians lived there.

They were the first people to live in America.


When people from England arrived in America,

American Indians helped them.


They showed the people how to hunt.

They taught the people how to grow food.

People from England thanked the American Indians.

They cooked some food for the American Indians.

They gave presents to the American Indians, too.


They became close friends.

---

**1** 다음을 읽고 위 글의 내용과 일치하면 T, 일치하지 않으면 F를 고르세요.

① American Indians helped people from England.  ( T / F )

② People from England thanked the American Indians.  ( T / F )

**2** 위 글의 내용에 맞게 알맞은 것을 고르세요.

① American Indians were the [ **first** / **second** ] people to live in America.

② American Indians helped the people from [ **America** / **England** ].

③ American Indians showed them [ **how to** / **what to** ] grow food.

④ People from England [ **invited** / **cooked** ] food for American Indians.

**우리말로 해석하기**

**01**

Many, many years ago, / America / looked different.

아주 오래 전 / 아메리카 대륙은 / 다르게 보였다.

**02**

There were / no cities, stores, or cars.

없었다 / 도시, 가게, 또는 자동차들이.

**03**

American Indians / lived / there.

_____ / _____ / _____.

**04**

> to live in America는 '아메리카 대륙에 살았던'의 의미로 people을 꾸며줍니다.

They / were / the first people / to live in America.

_____ / _____ / _____

_____ / _____.

**05**

> when은 '~할 때'의 의미입니다.

When people from England arrived / in America, / American Indians / helped / them.

영국에서 온 사람들이 도착했을 때 / 아메리카 대륙에, /

_____ / _____ / _____.

**06**

They / showed / the people / how to hunt.

> how to는 '~하는 법'의 의미입니다.

They / taught / the people / how to grow food.

_____ / _____ / _____ /

_____ /

_____ / _____ / _____ /

_____.

**07**

People from England / thanked / the American Indians.

_____ / _____ / _____.

**08**

They / cooked / some food / for the American Indians.

They / gave / presents / to the American Indians, / too.

_____ / _____ / _____ /

_____ /

_____ / _____ / _____ /

_____.

**09**

They / became / close friends.

그들은 / 되었다 / 가까운 친구가.

Workbook p.17에서 문장을 더 연습하기

| **important** 중요한 | *important* |
|---|---|
| **survival** 생존 | |

important for survival

생존에 중요한

| **give** 주다 | |
|---|---|
| **energy** 에너지 | |

give energy

| **delicious** 맛있는 | |
|---|---|
| **food** 음식 | |

delicious food

| **badly** 심하게 | |
|---|---|
| **sick** 아픈 | |

badly sick

| **pyramid** 피라미드 | |
|---|---|
| **help** 돕다 | |

the food pyramid helps

| **strong** 강한 | |
|---|---|
| **body** 몸 | |

strong body

**①**

**목적격 보어 1**

| 주어 | 동사 | 목적어 | 목적격 보어 |
|------|------|--------|-------------|
| They<br>그들은 | find<br>생각한다 | it<br>그것이 | interesting.<br>흥미롭다고. |

✔ 본문 확인하기

| Delicious food | keeps | us | happy . |
|---|---|---|---|
| 맛있는 음식은 | 유지시킨다 | 우리를 | 행복하게 . |

✔ 본문 체크하기

| Bad food | makes | us | unhappy . |
|---|---|---|---|
| _____ | _____ | _____ | _____ . |

| Unhealthy food | makes | us | badly sick . |
|---|---|---|---|
| _____ | _____ | _____ | _____ . |

**핵심 Point**

**목적격 보어 1**
find, make, keep과 같은 5형식 동사는 목적격 보어를 가져요.

**⊕ PLUS NOTE**
find(생각하다), make(만들다), keep(유지시키다), call(부르다) 등의 동사는 형용사를 목적격, 보어로 가질 수 있어요.
ex. It makes us **happy**.
　　(그것은 우리를 행복하게 만든다)
　　It keeps me **safe**.
　　(그것은 나를 안전하게 유지시킨다)

**②**

**목적격 보어 2**

| 주어 | 동사 | 목적어 | 목적격 보어 |
|------|------|--------|-------------|
| You<br>당신은 | make<br>만든다 | me<br>내가 | smile.<br>웃도록. |

✔ 본문 확인하기

| The energy | helps | us | move . |
|---|---|---|---|
| 에너지는 | 돕는다 | 우리가 | 움직이도록 . |

✔ 본문 체크하기

| It | lets | us | have strong bodies . |
|---|---|---|---|
| \_\_ | \_\_\_\_\_ | _____ . | |

| The food pyramid | helps | us |
|---|---|---|
| _____ | _____ | _____ |

eat healthy food .

_____ .

**핵심 Point**

**목적격 보어 2**
사역동사나 지각동사의 목적격 보어는 동사원형으로 써요.

**⊕ PLUS NOTE**
- 사역동사: make(만들다), let(허락하다, ~하도록 해주다), have(시키다), help(돕다)
- 지각동사: see(보다), hear(듣다), feel(느끼다), watch(보다) 등

# The Food Pyramid

Food is important for our survival.

Food gives us energy. The energy helps us move.

Food can make us feel better.

Delicious food keeps us happy.

Bad food makes us unhappy.

Junk food is delicious, but it is unhealthy.

Unhealthy food makes us badly sick.

So, we need to eat healthy food.

The food pyramid helps us eat healthy food.

It shows five different food groups.

We need to eat the five food groups every day.

It lets us have strong bodies.

**1** 위 글의 내용에 맞게 주제를 완성해 보세요.

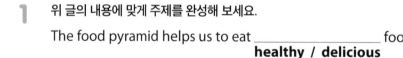

The food pyramid helps us to eat _____ food.
**healthy / delicious**

**2** 다음을 읽고 위 글의 내용과 일치하면 T, 일치하지 않으면 F를 고르세요.

① Food gives us energy. ( T / F )

② The energy helps us move. ( T / F )

③ Unhealthy food can make us strong. ( T / F )

④ The food pyramid helps us eat bad food. ( T / F )

우리말로 해석하기

01    Food / is important / for our survival.

음식은 / 중요하다 / 우리의 생존에.

02    Food / gives / us / energy.

_____ / _____
_____ / _____.

03    The energy / helps / us / move.

_____ / _____ /
_____ / _____.

04    Food / can make / us / feel better.

_____ / _____ /
_____ / _____.

Delicious food / keeps / us / happy.

   〈keep+명사+형용사〉는 '~를 …하게 유지시키다'의 의미입니다.

_____ / _____ /
_____ / _____.

05    Bad food / makes / us / unhappy.

_____ / _____ /
_____ / _____.

Junk food / is delicious, / but / it / is unhealthy.

_____ / _____ / _____ / _____ /
_____.

06    Unhealthy food / makes / us / badly sick.

_____ / _____ /
_____ / _____.

So, / we / need to eat / healthy food.

그래서, / 우리는 / 먹을 필요가 있다 / 건강한 음식을.

07    The food pyramid / helps / us / eat healthy food.

_____ / _____ /
_____ / _____.

It / shows / five different food groups.

그것은 / 보여준다 / 다섯 가지의 서로 다른 식품군을.

08    We / need to eat / the five food groups / every day.

우리는 / 먹을 필요가 있다 / 다섯 가지 식품군을 / 매일.

09    It / lets / us / have strong bodies.

   〈let+명사+동사원형〉은 '~가 …하도록 해주다'의 의미입니다.

_____ / _____ /
_____ / _____.

Workbook p.20에서 문장을 더 연습하기

# PART 4 : 시제

단어와 문장규칙으로 읽는 Reading, 구문이 독해다

## UNIT 08    현재 / 과거

- 현재시제

  | He | always helps | us. |

- 과거시제

  | He | helped | us | before. |

## UNIT 09    진행형

- 현재진행형

  | The ant | is working | now. |

- 과거진행형

  | The dove | was flying | then. |

## UNIT 10    미래형

- 미래 표현 will

  | Stems | will grow. |

- 미래 표현 be going to

  | The movie | is going to begin | soon. |

단어와 단어가 문장으로 연결되는 **Reading Skill**

**1**
**travel**
☐ 머무르다
☑ 여행하다

**2**
**space**
☐ 우주
☐ 은하수

**3**
**astronaut**
☐ 외계인
☐ 우주인

**4**
**spaceship**
☐ 우주선
☐ 유람선

**5**
**Earth**
☐ 지구
☐ 달

**6**
**launch**
☐ 식사를 하다
☐ 발사하다

**7**
**stay**
☐ ~로 남아 있다
☐ 변하다

**8**
**new**
☐ 새로운
☐ 지금

**9**
**ant**
☐ 메뚜기
☐ 개미

**10**
**dove**
☐ 독수리
☐ 비둘기

**11**
**pond**
☐ 우물
☐ 연못

**12**
**fall**
☐ 흐르다
☐ 빠지다, 떨어지다

**13**
**climb**
☐ 기어오르다
☐ 떨어지다

**14**
**leaf**
☐ 잎
☐ 줄기

**15**
**help**
☐ 돕다
☐ 가지다

**16**
**a minute**
☐ 1시간
☐ 1분, 잠시

**17**
**dig**
☐ 덮다
☐ 파다

**18**
**hole**
☐ 무덤
☐ 구멍

**19**
**soil**
☐ 콩
☐ 흙

**20**
**seed**
☐ 새싹
☐ 씨앗

**21**
**water**
☐ 말리다
☐ 물을 주다

**22**
**happy**
☐ 행복한
☐ 슬픈

**23**
**flower**
☐ 과일
☐ 꽃

**24**
**fruit**
☐ 열매, 과일
☐ 꽃

정답은 p.107에서 확인

| travel | 여행하다 | travel |
| space | 우주 | |

travel into space

우주로 여행하다

| first | 첫, 첫 번째의 | |
| astronaut | 우주인 | |

the first astronaut

| spaceship | 우주선 | |
| lift off | 이륙하다 | |

the spaceship lifted off

| moon | 달 | |
| Earth | 지구 | |

the moon and Earth

| launch | 발사하다 | |
| every year | 매년 | |

launch spaceships
every year

| stay | ~로 남아 있다 | |
| new | 새로운 | |

stay new

단어, 문장이
바로 구문!!

## ① 현재시제

주어
**He**
그는

현재동사
**always helps**
항상 돕는다

**us.**
우리를.

**✓ 본문 확인하기**

| Sometimes, | we | travel | to a new place . |
|---|---|---|---|
| 때때로 | 우리는 | 여행한다 | 새로운 장소로 |

**✓ 본문 체크하기**

| Now | you | are there . |
|---|---|---|

| We | launch | spaceships | every year . |
|---|---|---|---|

**핵심 Point**

**현재시제**
지금 일어나는 일이나 잘 변하지 않는 사실, 습관은 현재시제로 나타내요.

**⊕ PLUS NOTE**
현재시제는 always, sometimes, every year와 같이 '빈도, 습관'을 나타내는 부사와, 그리고 now와 같이 '지금'을 나타내는 부사와 자주 쓰여요.

## ② 과거시제

주어
**He**
그는

과거동사
**helped**
도왔다

**us**
우리를

**before.**
이전에.

**✓ 본문 확인하기**

| You | never went | there | before . |
|---|---|---|---|
| 너는 | 절대 가지 않았다 | 그곳에 | 이전엔 |

**✓ 본문 체크하기**

| He | became | an astronaut | in 1960 . |
|---|---|---|---|

| 50 years ago, | space | was new | to us . |
|---|---|---|---|

**핵심 Point**

**과거시제**
지금보다 이전인 과거에 있었던 일을 나타내는 과거시제의 동사는 '~했다'라고 해석해요.

**⊕ PLUS NOTE**
과거시제는 before, ago, in 1960와 같이 명확한 과거를 나타내는 말들과 함께 자주 쓰여요.

# Let's Travel into Space!

Sometimes, we travel to a 'new' place.

You never went there before, but now you are there.

And there is always this 'first' time.

Yuri Gagarin also had his first time, in space!

Yuri Gagarin was the first human in space.

He became an astronaut in 1960.

In 1961, his spaceship lifted off.

And he went into space.

But, Yuri Gagarin was not the last human in space!

In 1969, Neil Armstrong went to the moon.

And in 2001, Dennis Tito traveled around Earth.

50 years ago, space was 'new' to us.

But, now, we launch spaceships almost every year!

So, 'new' places do not always stay new.

**1** 위 글의 내용에 맞게 빈칸에 알맞은 것을 고르세요.

**50 years ago, space was _____ to us.**

**But, now, we launch _____ almost every year!**

a. spaceship — astronauts          b. new — spaceships

c. the moon — Earth

**2** 위 글의 내용에 맞게 알맞은 것을 고르세요.

① [ **Yuri Gagarin** / **Neil Armstrong** ] was the first human in space.

② [ **Yuri Gagarin** / **Neil Armstrong** ] went to the moon in 1969.

③ Dennis Tito traveled around Earth [ **in 2001** / **50 years ago** ].

④ 'New' places [ **do not always** / **usually** ] stay new.

**우리말로 해석하기**

01
Sometimes, / we / travel / to a 'new' place.

때때로, / 우리는 / 여행한다 / '새로운' 장소로.

02
You / never went / there / before, / but / now / you / are there.

_____ / _____ / _____ / _____ / _____ / _____ / _____ / _____ .

03
And / there is always / this 'first' time.

_____ / _____ / _____ .

04
**also는 '또한'의 의미입니다.**

Yuri Gagarin / also had / his first time, / in space!
Yuri Gagarin / was / the first human / in space.

유리 가가린은 / 또한 가졌었다 / 그의 첫 번째 시간을, / 우주에서!
_____ / _____ / _____ / _____ .

05
He / became / an astronaut / in 1960.

_____ / _____ / _____ / _____ .

06
In 1961, / his spaceship / lifted off.
And / he / went / into space.

_____ / _____ / _____ .
그리고 / 그는 / 갔다 / 우주로.

07
**last는 '마지막'의 의미입니다.**

But, / Yuri Gagarin / was not / the last human / in space!
In 1969, / Neil Armstrong / went / to the moon.

그러나, / 유리 가가린은 / 아니었다 / 마지막 인간이 / 우주에 있는!
_____ / _____ / _____ / _____ .

08
And / in 2001, / Dennis Tito / traveled / around Earth.

_____ / _____ / _____ / _____ / _____ .

50 years ago, / space / was 'new' / to us.

_____ / _____ / _____ / _____ .

09
**almost는 '거의'의 의미입니다.**

But, / now, / we / launch / spaceships / almost every year!
So, / 'new' places / do not always stay new.

_____ / _____ / _____ / _____ / _____ / _____ !
그러니, / '새로운' 장소들은 / 항상 새롭게 남아 있는 것은 아니다.

Workbook p.23에서 문장을 더 연습하기

| ant | 개미 | ___ant___ |
| --- | --- | --- |
| dove | 비둘기 | |

→

an ant and a dove

개미와 비둘기

| by | ~옆에, ~가에 | |
| --- | --- | --- |
| pond | 연못 | |

→

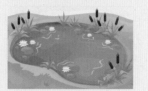

by a pond

| fall | 빠지다, 떨어지다 | |
| --- | --- | --- |
| into | ~안으로 | |

→

fall into the pond

| climb | 기어오르다 | |
| --- | --- | --- |
| leaf | 잎 | |

→

climb onto the leaf

| a minute | 1분, 잠시 | |
| --- | --- | --- |
| ago | ~전에 | |

→

a minute ago

| help | 돕다 | |
| --- | --- | --- |
| other | 다른 | |

→

help other people

단어, 문장이
바로 구문!!

**① 현재진행형**

| 주어 | 동사 | |
|---|---|---|
| **The ant** | **is working** | **now.** |
| 그 개미는 | 일하고 있다 | 지금. |

**✔ 본문 확인하기**

| I | am sinking . |
|---|---|
| 나는 / | 가라앉고 있다 . |

**✔ 본문 체크하기**

| I | am throwing | you | a leaf ! |
|---|---|---|---|
| ___ / | _____ / | ____ / | _____ ! |

| Now | you | are breathing . |
|---|---|---|
| ____ / | ____ / | _____ . |

**핵심 Point**

**현재진행형**
<am/are/is+-ing>의 현재진행형은 '~하고 있다'라고 해석해요.

**⊕ PLUS NOTE**
현재진행형의 be동사는 주어에 맞게 바꿔 써요.

| I | am running |
|---|---|
| You, We, They | are running |
| He, She, It | is running |

**② 과거진행형**

| 주어 | 동사 | |
|---|---|---|
| **The dove** | **was flying** | **then.** |
| 비둘기가 | 날고 있었다 | 그때. |

**✔ 본문 확인하기**

| The ant | was walking | by a pond . |
|---|---|---|
| 개미가 / | 걷고 있었다 / | 연못가를 . |

**✔ 본문 체크하기**

| The dove | was sitting | in a tree | then . |
|---|---|---|---|
| _____ / | _____ / | _____ / | ____ . |

| I | was dying | a minute ago . |
|---|---|---|
| ___ / | _____ / | _____ . |

**핵심 Point**

**과거진행형**
<was/were+-ing>의 과거진행형은 '~하고 있었다'라고 해석해요.

**⊕ PLUS NOTE**
과거진행형의 be동사는 주어에 맞게 바꿔 써요.

| I, He, She, It | was running |
|---|---|
| You, We, They | were running |

# An Ant and a Dove

An ant and a dove were in a forest.

One day, the ant was walking by a pond.

He went to the pond and drank some water.

But he fell into the pond.

"Help! I am sinking!" he cried.

The dove was sitting in a tree then.

"I am throwing you a leaf!" shouted the dove.

"Climb onto the leaf!"

The ant climbed onto the leaf.

"Whew, now you are breathing," said the dove.

"Thank you. I was dying a minute ago," said the ant.

Later, they became good friends.

Like the dove, help other people.

Then, you can be a good friend to them.

---

**1** 위 글의 내용에 맞게 빈칸에 알맞은 것을 고르세요.

**The ant fell into the pond, but the dove threw him a _____ .**

a. pond          b. leaf          c. tree

**2** 위 글의 내용에 맞게 알맞은 것을 고르세요.

① The ant and the dove **[ was / were ]** in a forest.

② The ant was **[ walking by / sitting in ]** a pond.

③ The dove was **[ walking by / sitting in ]** a tree.

④ They became **[ good friends / other people ]**.

**우리말로 해석하기**

01 An ant and a dove / were in a forest.

개미와 비둘기가 / 숲 속에 있었다.

02 One day, / the ant / was walking / by a pond.

_____ / _____ /

_____ / _____ .

03 He / went / to the pond / and / drank / some water.

그는 / 갔다 / 연못으로 / 그리고 / 마셨다 / 물을 좀.

04 But / he / fell / into the pond.
"Help! / I / am sinking !" / he cried .

> sinking은 '가라앉고 있는', cried는 '외쳤다'의 의미입니다.

그러나 / 그는 / 빠졌다 / 연못 안으로.

_____ / _____ /

_____ / _____ .

05 The dove / was sitting / in a tree / then.
"I / am throwing / you / a leaf!" / shouted the dove.

\_\_\_\_\_ / \_\_\_\_\_ / \_\_\_\_\_ / \_\_\_\_\_ .

\_\_\_\_\_ / \_\_\_\_\_ / \_\_\_\_\_ /

\_\_\_\_\_ / \_\_\_\_\_ .

06 "Climb / onto the leaf!"
The ant / climbed / onto the leaf.

"기어올라와 / 잎 위로!"

_____ / _____ .

07 "Whew, / now / you / are breathing," / said the dove.

\_\_\_\_\_ / \_\_\_\_\_ / \_\_\_\_\_ /

\_\_\_\_\_ / \_\_\_\_\_ .

08 > dying은 '죽어가고 있는'의 의미입니다.

"Thank you. / I / was dying / a minute ago," / said the ant.
Later, / they / became / good friends.

\_\_\_\_\_ / \_\_\_\_\_ / \_\_\_\_\_ /

\_\_\_\_\_ / \_\_\_\_\_ .

이후에, / 그들은 / 되었다 / 좋은 친구가.

09 Like the dove, / help / other people.
Then, / you / can be / a good friend / to them.

비둘기처럼, / 도와라 / 다른 사람들을.

\_\_\_\_\_ / \_\_\_\_\_ / \_\_\_\_\_ /

\_\_\_\_\_ / \_\_\_\_\_ .

Workbook p.26에서 문장을 더 연습하기

| dig | 파다 | _dig_ ✏ |
| hole | 구멍 | |

dig holes

구멍을 파다 ✏

| cover | 덮다 | |
| soil | 흙 | |

cover with soil

| seed | 씨앗 | |
| grow up | 자라다 | |

seeds grow up

| water | 물주다 | |
| every day | 매일 | |

water seeds every day

| make | 만들다 | |
| happy | 행복한 | |

make them happy

| flower | 꽃 | |
| fruit | 열매, 과일 | |

flowers make fruit

단어, 문장이
바로 구문!!

**1**

**미래 표현 will**

주어 | will + 동사
**Stems** | **will grow.**
줄기들은 | 자라날 것이다.

✔ 본문 확인하기

**Flowers** | **will begin to grow** .
꽃들은 / 자라기 시작할 것이다 .

✔ 본문 체크하기

**The seeds** | **will become** | **new plants** .
_____ / _____ / _____ .

**Our farmer** | **will be happy** .
_____ / _____ .

**핵심 Point**

**미래표현 will**
미래를 나타내는 일반적인 표현 will은
'~할 것이다'라고 해석해요.

**◆ PLUS NOTE**
will 뒤에는 반드시 동사원형이 와요.

**2**

**미래 표현 be going to**

주어 | be going to + 동사 |
**The movie** | **is going to begin** | **soon.**
그 영화가 | 시작할 예정이다 | 곧.

✔ 본문 확인하기

**We** | **are going to grow up** .
우리는 / 자랄 것이다 .

✔ 본문 체크하기

**We** | **are going to be** | **bean plants** .
_____ / _____ / _____ .

**핵심 Point**

**미래표현 be going to**
이미 예정된 미래를 나타내는 be going
to는 '~할 것이다', '~할 예정이다'라고 해
석해요.
ex. He is going to be a king.
(그는 왕이 될 예정이다)

# From a Seed to a New Plant

We are bean seeds. A farmer worked hard for us.

The farmer dug holes and put us in the holes.

Then, she covered us with soil.

And she watered us every day.

We are going to grow up.

We are going to be bean plants.

Stems and leaves will grow.

Flowers will begin to grow, too.

These flowers make fruit.

Inside the fruit, there are seeds.

Later, the seeds will become new plants.

Then, our farmer will be happy.

Your parents worked hard for you, too.

So, you will also grow up and make them happy!

---

**1** 위 글의 내용에 맞게 빈칸에 알맞은 것을 고르세요.

**The bean seeds are going to grow up and be bean _____.**

a. happy               b. soil               c. plants

**2** 위 글의 내용에 맞게 알맞은 것을 고르세요.

① The farmer [ **watered** / **dug** ] the seeds every day.

② The seeds are [ **will** / **going to** ] be bean plants.

③ The flowers make [ **fruit** / **soil** ].

④ The seeds will [ **become** / **becomes** ] new plants.

우리말로 해석하기

**01**

We / are / bean seeds.

우리는 / 이다 / 콩 씨앗들.

**02**

A farmer / worked / hard / for us.

농부는 / 일했다 / 열심히 / 우리를 위해.

**03**

The farmer / dug / holes / and / put / us / in the holes.

농부는 / 팠다 / 구멍을 / 그리고 / 두었다 / 우리를 / 구멍 안에.

**04**

with는 '~으로'의 의미입니다.

Then, / she / covered / us / with soil.
And / she / watered / us / every day.

그 다음, / 그녀는 / 덮었다 / 우리를 / 흙으로.

그리고 / 그녀는 / 물을 주었다 / 우리에게 / 매일.

**05**

We / are going to grow up.
We / are going to be / bean plants.

_____ / _____.

_____ / _____ / _____.

**06**

Stems and leaves / will grow.
Flowers / will begin to grow, / too.

begin to는 '~하기 시작하다'의 의미입니다.

_____ / _____.

_____ / _____ / _____.

**07**

These flowers / make / fruit.
Inside the fruit, / there are / seeds.

inside는 '~안에'의 의미입니다.

_____ / _____ / _____.

열매 안에는, / 있다 / 씨앗들이.

**08**

Later, / the seeds / will become / new plants.

Then, / our farmer / will be happy.

_____ / _____ / _____ / _____.

_____ / _____ / _____.

**09**

Your parents / worked / hard / for you, / too.
So, / you / will also grow up / and / make / them / happy!

너의 부모님들은 / 일했다 / 열심히 / 너를 위해, / 또한.

_____ / _____ / _____ / _____.

_____ / _____ / _____!

**Workbook p.29에서 문장을 더 연습하기**

# PART 5 : 비교급과 최상급

단어와 문장규칙으로 읽는 Reading, 구문이 독해다

## UNIT 11　형용사

- 형용사 + 명사

  | Let's think of | warm colors. |

- 동사 + 형용사

  | The sun | is warm. |

## UNIT 12　부사

- -ly가 붙은 부사

  | He | talks | loudly. |

- 주의해야 할 부사

  | He | walks | fast. |

## UNIT 13　비교급, 최상급 문장

- 비교급 표현

  | He | is taller | than me. |

- 최상급 표현

  | It | is | the smallest fish. |

단어와 단어가 문장으로 연결되는 **Reading Skill**

| 1 **kind** | 2 **color** | 3 **warm** | 4 **cool** |
|---|---|---|---|
| □ 메뉴<br>☑ 종류 | □ 색깔<br>□ 모양 | □ 따뜻한<br>□ 시원한 | □ 따뜻한<br>□ 시원한 |

| 5 **mix** | 6 **paint** | 7 **purple** | 8 **feel** |
|---|---|---|---|
| □ 바르다<br>□ 섞다 | □ 물감<br>□ 조각 | □ 보라색<br>□ 하얀색 | □ 느끼다<br>□ 만들다 |

| 9 **lay** | 10 **egg** | 11 **hatch** | 12 **disappear** |
|---|---|---|---|
| □ 키우다<br>□ 낳다, 놓다 | □ 새끼<br>□ 알 | □ 부화하다<br>□ 낳다 | □ 나타나다<br>□ 사라지다 |

| 13 **leg** | 14 **leap** | 15 **catch** | 16 **insect** |
|---|---|---|---|
| □ 다리<br>□ 팔 | □ 수영하다<br>□ 뛰어오르다 | □ 잡다<br>□ 던지다 | □ 동물<br>□ 벌레, 곤충 |

| 17 **shark** | 18 **shape** | 19 **size** | 20 **biggest** |
|---|---|---|---|
| □ 상어<br>□ 고래 | □ 크기<br>□ 모양 | □ 크기<br>□ 모양 | □ 가장 큰<br>□ 가장 작은 |

| 21 **smallest** | 22 **belly** | 23 **sharp** | 24 **teeth** |
|---|---|---|---|
| □ 가장 큰<br>□ 가장 작은 | □ 배<br>□ 등 | □ 무딘<br>□ 날카로운 | □ 이빨들<br>□ 손톱들 |

정답은 p.109에서 확인

| kind | 종류 | _kind_ |
|---|---|---|
| color | 색깔 | |

two kinds of colors

두 종류의 색깔들

| warm | 따뜻한 | |
|---|---|---|
| cool | 시원한 | |

warm or cool

| think of | 떠올리다 | |
|---|---|---|
| sun | 태양 | |

think of the warm sun

| mix | 섞다 | |
|---|---|---|
| paint | 물감 | |

mix paint

| purple | 보라색 | |
|---|---|---|
| grapes | 포도 | |

purple grapes

| feel | 느끼다 | |
|---|---|---|
| warmth | 온기, 따뜻함 | |

feel warmth

## ① 형용사 + 명사

형용사 + 명사

Let's think of | **warm colors.**
떠올려보자 | 따뜻한 색깔들을.

**✓ 본문 확인하기**

Let's think of    the warm sun .
떠올려보자 / 따뜻한 태양을 .

**✓ 본문 체크하기**

Let's think of    the cool ocean .
_____ / _____ .

Let's mix    red paint and blue paint .
_____ / _____ .

> **핵심 Point**
>
> **형용사 + 명사**
> <형용사+명사>는 '~한 …'로 해석해요.
> 이때, 형용사는 명사를 꾸며줘요.
> ex. a pretty doll (예쁜 인형)
>      a red ball (붉은 공)

## ② 동사 + 형용사

주어      동사 + 형용사

The sun | **is warm.**
태양은 | 따뜻하다.

**✓ 본문 확인하기**

We   feel   cool .
우리는 / 느낀다 / 시원하게 .

**✓ 본문 체크하기**

The red sun   makes   us   warm .
_____ / _____ / ____ / _____ .

The blue ocean   makes   us   cool .
_____ / _____ / ____ / _____ .

> **핵심 Point**
>
> **동사 + 형용사**
> <동사+형용사>는 '(…하게) ~하다'라고
> 해석해요.
> 이때, 형용사는 문장의 보어로 쓰여요.
>
> ⊕ **PLUS NOTE**
> 동사에 따라 형용사 보어의 해석이 달라져요.
>
> | be 동사 | ~하다 |
> |---|---|
> | feel, look 등 | ~하게 느끼다, 보다 |
> | make 등 | ~을…하게 만들다 |

# Warm Colors & Cool Colors

There are two kinds of colors.

They are "warm" colors and "cool" colors.

Let's think of the warm sun.

What color do you think of? Red!

The red sun makes us warm. So, red is warm.

Let's think of the cool ocean.

What color do you think of? Blue!

The blue ocean makes us cool. So, blue is cool.

Let's mix red paint and blue paint. It is purple.

What fruit do you think of? Grapes!

Purple grapes are cool. So, purple is cool.

So, red makes us feel warmth.

But, blue and purple make us feel coolness.

1 위 글의 내용에 맞게 알맞은 것을 고르세요.

Red makes us _____, but blue and purple make us _____.
         **warm / cool**                                    **warm / cool**

2 위 글의 내용에 맞게 알맞은 것을 고르세요.

① Red is a [ **warm / cool** ] color.

② When you mix red paint and blue paint, you get [ **grapes / purple** ].

③ Purple is a [ **warm / cool** ] color.

④ Colors can make us [ **paint / feel** ] warm or cool.

01 There are / two kinds of colors.

있다 / 두 종류의 색깔들이 .

02 They / are / "warm" colors / and / "cool" colors.

_____ / _____ / _____ /

_____ / _____ .

03 Let's think of / the warm sun.
What color / do you think of?

_____ / _____ .

무슨 색을 / 너는 떠올리는가 ?

04 Red! // The red sun / makes / us / warm.

빨간색! / _____ / _____ /

So, / red / is warm.

_____ / _____ .

그래서, / 빨간색은 / 따뜻하다 .

05 Let's think of / the cool ocean.
What color / do you think of?

_____ / _____ .

무슨 색을 / 너는 떠올리는가 ?

06 Blue! // The blue ocean / makes / us / cool.

파란색! // _____ / _____ /

So, / blue / is cool.

_____ / _____ .

그래서, / 파란색은 / 시원하다 .

07 Let's mix / red paint and blue paint.
It / is / purple.

_____ / _____ .

그것은 / 이다 / 보라색 .

08 What fruit / do you think of? // Grapes!
Purple grapes / are cool.
So, / purple / is cool.

무슨 과일을 / 너는 떠올리는가 ? // 포도 !

_____ / _____ .

_____ / _____ / _____ .

09 So, / red / makes / us / feel warmth.

_____ / _____ / _____ /

**coolness는 '시원함'의 의미입니다.**

But, / blue and purple / make / us / feel coolness.

하지만, / 파란색과 보라색은 / 만든다 / 우리가 / 시원함을 느끼게 .

Workbook p.32에서 문장을 더 연습하기

| lay | 낳다, 놓다 | *lay* |
| egg | 알 | |

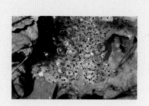

lay eggs

알을 낳다

| hatch | 부화하다 | |
| from | ~에서부터 | |

hatch from eggs

| slowly | 천천히 | |
| disappear | 사라지다 | |

slowly disappear

| back | 뒤쪽의 | |
| leg | 다리 | |

back legs

| leap | 뛰어오르다 | |
| high | 높이 | |

leap high

| catch | 잡다 | |
| insect | 벌레, 곤충 | |

catch insects

단어, 문장이 바로 구문!!

## ① -ly가 붙은 부사

| | 동사 | 부사 |
|---|---|---|
| **He** 그는 | **talks** 말한다 | **loudly.** 시끄럽게. |

**✓ 본문 확인하기**

**The tails** / **slowly** / **disappear** .
꼬리는 / 천천히 / 사라진다 .

**✓ 본문 체크하기**

**Tadpoles** **have** **really long tails** .
_____ / _____ / _____ .

**Finally,** **they** **become** **frogs** !
_____ / ____ / _____ / _____ !

### 핵심 Point

**-ly 붙은 부사**
형용사에-ly가 붙은 부사들은 '~하게'로
해석해요.

**➕ PLUS NOTE**
부사는 slowly disappear처럼 동사를 꾸며
줄 뿐 아니라, 형용사나 다른 부사를 꾸며
주기도 해요.
ex. really long(형용사 수식)
    very much(부사 수식)

## ② 주의해야 할 부사

| | 동사 | 부사 |
|---|---|---|
| **He** 그는 | **walks** 걷는다 | **fast.** 빠르게. |

**✓ 본문 확인하기**

**They** / **catch** / **insects** / **really fast** .
그들은 / 잡는다 / 벌레들을 / 매우 빠르게 .

**✓ 본문 체크하기**

**Open** **your eyes** **wide** **and** **look** !
____ / _____ / ____ / ___ / ____ !

**They** **leap** **very high** !
____ / ____ / _____ !

### 핵심 Point

**주의해야 할 부사**
fast '빠른/빠르게', high '높은/높이'와 같
이 형용사와 부사가 같은 모양인 것도 있
어요.

**➕ PLUS NOTE**
형용사, 부사의 의미를 모두 가지는 단어

| fast | 빠른, 빠르게 |
|---|---|
| high | 높은, 높이 |
| low | 낮은, 낮게 |
| wide | 넓은, 넓게 |
| hard | 단단한, 열심히 |
| long | 긴, 오래 |

# From a Tadpole to a Frog

Most frogs lay eggs in water.

Tadpoles hatch from the eggs.
Tadpoles have really long tails.
Later, the tails slowly disappear.
They develop legs.
Finally, they become frogs!

Open your eyes wide and look!
Frogs have long back legs.
They leap very high!
Frogs have long tongues.
They catch insects really fast!

The tadpoles become adult frogs.
Like tadpoles, we will become adults, too.

**1** 위 글의 내용에 맞게 빈칸에 알맞은 것을 고르세요.

**Tadpoles hatch from eggs and become _____.**

a. tails                    b. frogs                    c. tongues

**2** 다음을 읽고 위 글의 내용과 일치하면 T, 일치하지 않으면 F를 고르세요.

① Tadpoles lay eggs in water.                    ( T / F )
② Tadpoles develop legs.                         ( T / F )
③ Tadpoles leap very high.                       ( T / F )
④ Frogs catch insects really fast.               ( T / F )

**우리말로 해석하기**

**01**

Most frogs / lay / eggs / in water.

대부분의 개구리들은 / 낳는다 / 알들을 / 물속에서.

**02**

Tadpoles / hatch / from the eggs.

올챙이들은 / 부화한다 / 알에서부터.

**03**

Tadpoles / have / really long tails.

Later, / the tails / slowly / disappear.

_____ / _____ / _____.

_____ / _____.

_____ / _____.

**04**

develop은 '성장시키다'의 의미입니다.

They / develop / legs.

Finally, / they / become / frogs!

finally는 '마침내'의 의미입니다.

그들은 / 성장시킨다 / 다리를.

_____ / _____.

_____ / _____!

**05**

Open / your eyes / wide / and / look!

_____ / _____ / _____.

_____ / _____!

**06**

Frogs / have / long back legs.

They / leap / very high!

_____ / _____ / _____.

_____ / _____ / _____!

**07**

Frogs / have / long tongues.

They / catch / insects / really fast!

_____ / _____ / _____.

_____ / _____ / _____!

**08**

The tadpoles / become / adult frogs.

_____ / _____ / _____.

**09**

like는 '~처럼'의 의미입니다.

Like tadpoles, / we / will become / adults, / too.

올챙이들처럼, / 우리는 / 될 것이다 / 어른들이, / 또한.

Workbook p.35에서 문장을 더 연습하기

| be afraid of | ~을 두려워하다 | *be afraid of* |
| shark | 상어 | |

be afraid of sharks

상어를 두려워하다

| shape | 모양 | |
| size | 크기 | |

shapes and sizes

| bigger | 더 큰 | |
| biggest | 가장 큰 | |

the biggest fish

| smaller | 더 작은 | |
| smallest | 가장 작은 | |

the smallest shark

| white | 하얀 | |
| belly | 배 | |

white belly

| sharp | 날카로운 | |
| teeth | 이빨들 | |

sharp teeth

단어, 문장이
바로 구문!!

**①**

## 비교급 표현

| 주어 | 비교급 | |
|---|---|---|
| **He** 그는 | **is taller** 키가 더 크다 | **than me.** 나보다. |

✓ 본문 확인하기

| **It** 그것은 / | **is bigger** 더 크다 / | **than a bus** 버스보다 | **.** . |
|---|---|---|---|

✓ 본문 체크하기

| **It** ___ | **is smaller** _____ | **than your hand** _____ | **.** . |
|---|---|---|---|

| **They** ___ | **swim** _____ | **faster** _____ | **than you** _____ | **.** . |
|---|---|---|---|---|

**핵심 Point**

**비교급 표현**
<비교급+than>은 '…보다 더 ~한'으로 해석해요.

⊕ **PLUS NOTE**
fast(빠르게), slowly(느리게) hard(열심히)와 같은 부사도 비교급으로 표현할 수 있어요.
ex. He runs **faster** than you.
　　(그는 너보다 더 빠르게 달린다)
　　They work **harder** than me.
　　(그들은 나보다 더 열심히 일한다)

**②**

## 최상급 표현

| 주어 | | 최상급 |
|---|---|---|
| **It** 그것은 | **is** 이다 | **the smallest fish.** 가장 작은 물고기. |

✓ 본문 확인하기

| **It** 그것은 / | **is** 이다 / | **the biggest fish** 가장 큰 물고기 / | **in the ocean** 바다에서 | **.** . |
|---|---|---|---|---|

✓ 본문 체크하기

| **It** ___ | **is** ___ | **the smallest shark** _____ | **.** . |
|---|---|---|---|

| **It** ___ | **is** ___ | **the best hunter** _____ / | **in the ocean** _____ | **.** . |
|---|---|---|---|---|

**핵심 Point**

**최상급 표현**
<the 최상급+명사>는 '가장 ~한 …'으로 해석해요.

⊕ **PLUS NOTE**
good(좋은), well(잘)의 최상급은 best(최고의, 가장 잘)예요.

# Sharks in the Sea

Are you afraid of sharks? The shark is the king of the sea.

There are more than 500 kinds of sharks.

They are in different shapes and sizes.


The whale shark is the biggest fish in the ocean.

It is bigger than a bus!


The dwarf shark is the smallest shark.

It is smaller than your hand!


The great white shark has a white belly.

It is the best hunter in the ocean.

It hunts fish well with its sharp teeth.


Sharks swim very fast. They swim faster than you!

So, be careful when you go into the sea!


**1** 위 글의 내용에 맞게 주제를 완성해 보세요.

_____ in the sea are in _____ shapes and sizes.
**Sharks / Whales**                              **different / same**


**2** 위 글의 내용에 맞게 알맞은 것을 고르세요.

① The whale shark is the [ **biggest / smallest** ] fish in the ocean.

② The dwarf shark is the [ **biggest / smallest** ] shark.

③ The great white shark is the [ **best / worst** ] hunter in the ocean.

④ Sharks swim [ **faster / slower** ] than you.

**우리말로 해석하기**

**01**

Are you afraid / of sharks?

The shark / is / the king of the sea.

두려운가 / 상어가?

상어는 / 이다 / 바다의 왕.

**02**

<more than + 숫자>는 '~ 이상의'의 의미입니다.

There are / more than 500 kinds of sharks.

있다 / 500 종류 이상의 상어들이.

**03**

They / are in different shapes and sizes.

그들은 / 모양과 크기가 서로 다르다.

**04**

The whale shark / is / the biggest fish / in the ocean.

_____ / _____ /

_____ / _____ .

**05**

It / is bigger / than a bus!

_____ / _____ / _____ !

**06**

The dwarf shark / is / the smallest shark.

It / is smaller / than your hand!

_____ / _____ / _____ .

_____ / _____ / _____ !

**07**

The great white shark / has / a white belly.

It / is / the best hunter / in the ocean.

_____ / _____ /

_____ / _____ /

_____ / _____ .

**08**

It / hunts / fish / well / with its sharp teeth.

Sharks / swim / very fast.

그것은 / 사냥한다 / 물고기를 / 잘 / 그것의 날카로운 이빨들로.

_____ / _____ / _____ .

**09**

They / swim / faster / than you!

So, / be careful / when you go / into the sea!

_____ / _____ /

_____ / _____ !

그러니, / 조심해라 / 네가 갈 때 / 바다 속으로!

Workbook p.38에서 문장을 더 연습하기

# PART 6 : 조동사

단어와 문장규칙으로 읽는 Reading, 구문이 독해다

## UNIT 14　조동사 can / may

- 조동사 can

  Most birds ｜ can fly.

  They ｜ can swim ｜ well ｜ instead.

- 조동사 may

  My team ｜ may win.

  The baby birds ｜ may fly ｜ someday.

## UNIT 15　조동사 must / have to

- 조동사 must

  We ｜ must eat ｜ breakfast.

  We ｜ must save ｜ water.

- 조동사 have to

  You ｜ have to exercise ｜ every day.

  Everyone ｜ has to breathe in ｜ fresh air.

1
**human**
☑ 인간
☐ 동물

2
**walk**
☐ 걷다
☐ 날다

3
**feed**
☐ 사용하다
☐ 먹이다

4
**baby**
☐ 어른
☐ 아기

5
**use**
☐ 사용하다
☐ 먹이다

6
**for flying**
☐ 수영을 위해
☐ 비행을 위해

7
**cannot**
☐ ~할 수 있다
☐ ~할 수 없다

8
**fly**
☐ 걷다
☐ 날다

9
**swim**
☐ 수영하다
☐ 달리다

10
**instead**
☐ 게다가
☐ 대신에

11
**weak**
☐ 약한
☐ 강한

12
**wing**
☐ 부리
☐ 날개

13
**air**
☐ 물
☐ 공기

14
**space**
☐ 지구
☐ 우주

15
**drink**
☐ 먹다
☐ 마시다

16
**water**
☐ 물
☐ 공기

17
**wash**
☐ 씻다
☐ 보호하다, 절약하다

18
**clothes**
☐ 신발
☐ 옷

19
**breathe in**
☐ 들이마시다
☐ 내쉬다

20
**fresh**
☐ 오염된
☐ 신선한

21
**save**
☐ 씻다
☐ 보호하다, 절약하다

22
**tree**
☐ 꽃
☐ 나무

23
**get**
☐ 얻다
☐ 주다

24
**from**
☐ ~에게
☐ ~으로부터

정답은 p. 110에서 확인

| human | 인간 | _human_ |
| walk | 걷다 | |

→ humans walk

인간들은 걷는다

| feed | 먹이다 | |
| baby | 아기 | |

→ feed a baby

| use | 사용하다 | |
| for flying | 비행을 위해 | |

→ use for flying

| cannot | ~할 수 없다 | |
| fly | 날다 | |

→ cannot fly

| swim | 수영하다 | |
| instead | 대신에 | |

→ they swim instead

| weak | 약한 | |
| wing | 날개 | |

→ weak wings

단어, 문장이
바로 구문!!

**①**

**조동사 can**

주어
**Most birds**
대부분의 새들은

조동사 + 동사
**can fly.**
날 수 있다.

✓ 본문 확인하기

| They | cannot fly | at first | . |
|---|---|---|---|
| 그들은 / | 날 수 없다 / | 처음에는 | . |

✓ 본문 체크하기

| But | some birds | can't use | their wings | . |
|---|---|---|---|---|
| ___ / | ___ / | ___ / | ___ | . |

| They | can swim | well | instead | . |
|---|---|---|---|---|
| ___ / | ___ / | ___ / | ___ | . |

**핵심 Point**

**조동사 can**
능력을 나타내는 <can+동사원형>은
'~할 수 있다'로 해석해요.

**⊕ PLUS NOTE**
cannot(can't)은 '~할 수 없다'로
해석해요.
ex. I cannot swim.
(나는 수영을 할 수 없다)
Humans cannot fly.
(인간은 날 수 없다)

**②**

**조동사 may**

주어
**My team**
나의 팀은

조동사 + 동사
**may win.**
우승할지도 모른다.

✓ 본문 확인하기

| The baby birds | may fly | someday | . |
|---|---|---|---|
| 아기 새들은 / | 날지도 모른다 / | 언젠가 | . |

✓ 본문 체크하기

| But | they | may run | faster | than you | . |
|---|---|---|---|---|---|
| ___ / | ___ / | ___ / | ___ / | ___ | . |

**핵심 Point**

**조동사 may**
가능성을 나타내는 <may+동사원형>
은 '~일지도 모른다'로 해석해요.

**⊕ PLUS NOTE**
may not은 '~하지 않을지도 모른다'
로 해석해요.
ex. He may not want it.
(그는 그것을 원하지 않을지도 모
른다)

# Who Can't Fly?

Human babies cannot walk at first.

Baby birds cannot fly at first too.

Parent birds feed the baby birds.

The baby birds may fly someday.

Most birds have wings.

They can fly with their wings.

But some birds can't use their wings for flying.

Penguins have short wings.

They cannot fly.

They can swim well instead.

Ostriches have weak wings.

They cannot fly.

But they may run faster than you!

**1** 위 글의 내용에 맞게 주제를 완성해 보세요.

Some birds with _____ or _____ wings can't fly.
**short / long    weak / strong**

**2** 위 글의 내용에 맞게 알맞은 것을 고르세요.

① Baby birds [ **can / cannot** ] fly at first.

② Most birds [ **can / cannot** ] fly.

③ Penguins have [ **weak / short** ] wings.

④ Ostriches have [ **weak / short** ] wings.

**우리말로 해석하기**

01

Human babies / cannot walk / at first.

인간 아기들은 / 걸을 수 없다 / 처음에는.

02

Baby birds / cannot fly / at first / too.

아기 새들은 / 날 수 없다 / 처음에는 / 또한.

03

**parent**는 '부모'의 의미입니다.

Parent birds / feed / the baby birds.

The baby birds / may fly / someday .

**someday**는 '언젠가'의 의미입니다.

_____ / _____ / _____.

_____ / _____ / _____.

04

Most birds / have / wings.

They / can fly / with their wings.

_____ / _____ / _____.

그들은 / 날 수 있다 / 그들의 날개들을 가지고.

05

But / some birds / can't use / their wings / for flying.

_____ / _____ / _____ /

_____ / _____.

06

Penguins / have / short wings.

They / cannot fly.

_____ / _____ / _____.

그들은 / 날 수 없다.

07

**well**은 '잘'의 의미입니다.

They / can swim / well / instead.

_____ / _____ /

_____ / _____.

08

Ostriches / have / weak wings.

They / cannot fly.

_____ / _____ / _____.

그들은 / 날 수 없다.

09

But / they / may run / faster / than you!

_____ / _____ / _____ /

_____ / _____!

Workbook p.41에서 문장을 더 연습하기

| air | 공기 | _air_ |
| space | 우주 | |

air in space

우주 속의 공기

| drink | 마시다 | |
| water | 물 | |

drink water

| wash | 씻다 | |
| clothes | 옷 | |

wash clothes

| breathe in | 들이마시다 | |
| fresh | 신선한 | |

breathe in fresh air

| save | 보호하다, 절약하다 | |
| tree | 나무 | |

save trees

| get | 얻다 | |
| from | ~으로부터 | |

get from trees

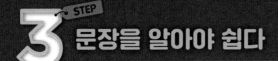

## ① 조동사 must

| 주어 | 조동사+동사 | |
|---|---|---|
| **We**<br>우리는 | **must eat**<br>먹어야 한다 | **breakfast.**<br>아침 식사를. |

**✓ 본문 확인하기**

| **Everyone** | **must drink** | **clean water** . |
|---|---|---|
| 모든 사람들은 / | 마셔야 한다 / | 깨끗한 물을 . |

**✓ 본문 체크하기**

| **We** | **must save** | **water** . |
|---|---|---|
| _____ / | _____ / | _____ . |

**핵심 Point**

**조동사 must**
<must+동사원형>은 '~해야 한다'로 해석
해요.

**➕ PLUS NOTE**
must는 '~해야 한다' 말고도 '~임에 틀림
없다'라는 의미로 강한 추측을 나타낼 때
쓰기도 해요.
ex. He must be rich.
　(그는 부자임에 틀림없다)
　This must be yours.
　(이것은 너의 것임에 틀림없다)

## ② 조동사 have to

| 주어 | 조동사+동사 | |
|---|---|---|
| **You**<br>너는 | **have to exercise**<br>운동해야 한다 | **every day.**<br>매일. |

**✓ 본문 확인하기**

| **Everyone** | **has to breathe in** | **fresh air** . |
|---|---|---|
| 모든 사람들은 / | 들이마셔야 한다 / | 신선한 공기를 . |

**✓ 본문 체크하기**

| **We** | **have to save** | **trees** . |
|---|---|---|
| _____ / | _____ / | _____ . |

**핵심 Point**

**조동사 have to**
<have to+동사원형>은 '~해야 한다'로
해석해요.

**➕ PLUS NOTE**
주어가 3인칭 단수일 때 have to 대신 has
to를 써요.
ex. You have to go.
　He has to go.

# Save Water and Trees, Save Our Lives

There is no water or air in space.
Can you live in space without them?

Everyone must drink clean water.
We can cook food with water.
We also wash clothes with water.
Without water, we can't live.
We must save water.

Everyone has to breathe in fresh air.
We can get fresh air from trees.
When there are no trees, we can't breathe.
We can make many things from trees.
We make desks and paper from trees.
We have to save trees.

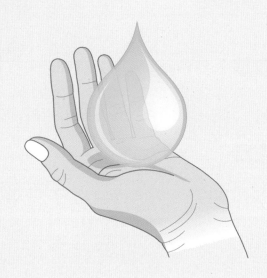

**1** 위 글의 내용에 맞게 주제를 완성해 보세요.

We must save _____ and _____.
                    **water / clothes**    **desks / trees**

**2** 위 글의 내용에 맞게 알맞은 것을 고르세요.

① Everyone must **[ cook / drink ]** clean water.

② We can **[ cook / drink ]** food with water.

③ We can get fresh **[ air / clothes ]** from trees.

④ When there are no trees, we can't **[ breathe / wash ]**.

**우리말로 해석하기**

01
There is / no water or air / in space.

없다 / 물 또는 공기가 / 우주에는.

02
**without**은 '~없이'의 의미입니다.

Can you live / in space / without them?

너는 살 수 있는가 / 우주에서 / 이것들 없이?

03
Everyone / must drink / clean water.

_____ / _____ / _____ .

04
We / can cook / food / with water.

_____ / _____ /

_____ / _____ .

We / also wash / clothes / with water.

_____ / _____ /

_____ / _____ .

05
Without water, / we / can't live.

_____ / _____ / _____ .

We / must save / water.

우리는 / 절약해야 한다 / 물을.

06
Everyone / has to breathe in / fresh air.

_____ / _____ / _____ .

We / can get / fresh air / from trees.

_____ / _____ /

_____ / _____ .

07
**breathe**는 '호흡하다'의 의미입니다.

When there are no trees, / we / can't breathe.

나무들이 없을 때, / 우리는 / 호흡할 수 없다.

08
We / can make / many things / from trees.

_____ / _____ / _____ .

We / make / desks and paper / from trees.

우리는 / 만든다 / 책상들과 종이를 / 나무들로부터.

09
We / have to save / trees.

_____ / _____ / _____ .

Workbook p.44에서 문장을 더 연습하기

# PART 7 : 동명사와 to부정사

단어와 문장규칙으로 읽는 Reading, 구문이 독해다

문장 기본기와 끊어 읽기로 향상되는 **Reading Skill**

## UNIT 16 동사 + -ing(동명사)

- **like+-ing**

  I | like | singing.

  Do you | like | hitting | drums?

- **enjoy+-ing**

  She | enjoys | walking.

  Do you | enjoy | blowing | pipes?

## UNIT 17 동사 + to부정사

- **want+to부정사**

  I | want | to play.

  I | want | to know | about this cloud.

- **begin+to부정사**

  The cloud | begins | to spin.

  The wind | begins | to blow | very fast.

단어와 단어가 문장으로 연결되는 **Reading Skill**

| 1 **musical** | 2 **instrument** | 3 **look** | 4 **alike** |
|---|---|---|---|
| ☑ 음악적인 | □ 기관 | □ 보이다 | □ 다르게 |
| □ 예술적인 | □ 도구 | □ 들리다 | □ 비슷하게 |

| 5 **percussion** | 6 **family** | 7 **wind** | 8 **orchestra** |
|---|---|---|---|
| □ 타악기 | □ 개인 | □ 타악기 | □ 관현악단 |
| □ 관악기 | □ 집단 | □ 관악기 | □ 합창단 |

| 9 **listen** | 10 **sound** | 11 **enjoy** | 12 **play** |
|---|---|---|---|
| □ 보다 | □ 냄새 | □ 즐기다 | □ 즐기다 |
| □ 듣다 | □ 소리 | □ 연주하다 | □ 연주하다 |

| 13 **seem** | 14 **strange** | 15 **purple** | 16 **cloud** |
|---|---|---|---|
| □ 생각하다 | □ 평범한 | □ 보라색 | □ 태양 |
| □ 보이다 | □ 이상한 | □ 파란색 | □ 구름 |

| 17 **spin** | 18 **top** | 19 **blow** | 20 **fast** |
|---|---|---|---|
| □ 돌다 | □ 전화기 | □ 돌다 | □ 빠르게 |
| □ 불다 | □ 팽이 | □ 불다 | □ 느리게 |

| 21 **heavy** | 22 **rain** | 23 **go** | 24 **away** |
|---|---|---|---|
| □ 가벼운 | □ 비 | □ 오다 | □ 가까이 |
| □ 심한 | □ 눈 | □ 가다 | □ 멀리 |

정답은 p. 111에서 확인

**musical** 음악적인

~~musical~~ _____

**instrument** 도구

_____

musical instrument

악기

**look** 보이다

_____

**alike** 비슷하게

_____

look alike

_____

**percussion** 타악기

_____

**family** 집단

_____

percussion family

_____

**wind** 관악기

_____

**orchestra** 관현악단

_____

wind family
in an orchestra

_____

**listen** 듣다

_____

**sound** 소리

_____

listen to the sounds

_____

**enjoy** 즐기다

_____

**play** 연주하다

_____

enjoy playing
musical instruments

_____

단어, 문장이
바로 구문!!

① **like + -ing**

| 주어 | 동사 + -ing | |
|---|---|---|
| **I**<br>나는 | **like**<br>좋아한다 | **singing.**<br>노래하는 것을. |

✔ 본문 확인하기

| Do you like | playing musical instruments | ? |
|---|---|---|
| 좋아하는가 / | 악기들을 연주하는 것을 | ? |

✔ 본문 체크하기

| Do you like | hitting drums | ? |
|---|---|---|
| _____ / | _____ | ? |

**핵심 Point**

**like + -ing**
<like + -ing>는 '~하는 것을 좋아하다'라고 해석해요.

**⊕ PLUS NOTE**
<love + -ing>도 '~하는 것을 좋아하다' 라고 해석해요.
ex. I **love singing**.
  (나는 노래하는 것을 좋아한다)
  I **love cooking**.
  (나는 요리하는 것을 좋아한다)

② **enjoy + -ing**

| 주어 | 동사 + -ing | |
|---|---|---|
| **She**<br>그녀는 | **enjoys**<br>즐긴다 | **walking.**<br>걷는 것을. |

✔ 본문 확인하기

| Do you enjoy | blowing pipes | ? |
|---|---|---|
| 즐기는가 / | 피리들을 부는 것을 | ? |

✔ 본문 체크하기

| Enjoy | listening | to their sounds | . |
|---|---|---|---|
| ____ / | _____ / | _____ | . |

| Someday | you | can enjoy |
|---|---|---|
| _____ / | ___ / | _____ |

| playing them, | too | ! |
|---|---|---|
| _____ / | ___ | ! |

**핵심 Point**

**enjoy + -ing**
<enjoy + -ing>는 '~하는 것을 즐기다'라고 해석해요.

**⊕ PLUS NOTE**
<enjoy + -ing>와 반대로 <mind + -ing> 는 '~하는 것을 꺼리다'라고 해석해요.
ex. Do you **mind opening** the window?
  (창문을 여는 것을 꺼리는가?)
  Don't **mind asking** a question.
  (질문하는 것을 꺼리지 마라)

# Let's Play Musical Instruments!

Do you like playing musical instruments?
There are many musical instruments.
Some instruments look alike.
They are in the same family.

Do you like hitting drums?
Then, meet the percussion family.
The xylophone and cymbals are in the percussion family, too.

Do you enjoy blowing pipes?
Then, find the wind family in an orchestra.
The flute and clarinet are in the wind family, too.

Find other instruments and enjoy listening to their sounds.
Someday you can enjoy playing them, too!

**1** 위 글의 내용에 맞게 빈칸에 알맞은 것을 고르세요.

**There are families of musical instruments like the _____ family and the _____ family.**

a. percussion – orchestra    b. orchestra – wind    c. percussion – wind

**2** 위 글의 내용에 맞게 알맞은 것을 고르세요.

① There are many [ **musical / playing** ] instruments.

② Some instruments look [ **like / alike** ].

③ The xylophone and cymbals are in the [ **percussion / wind** ] family.

④ The flute and clarinet are in the [ **percussion / wind** ] family.

# 문장+단어 한 문장씩 **확인하기**

01
Do you like / playing musical instruments?

좋아하는가 / 악기들을 연주하는 것을 ?

02
There are / many musical instruments.

있다 / 많은 악기들이.

03
Some instruments / look alike.
They / are / in the same family.

_____ / _____ .
_____ / _____ / _____ .

04
Do you like / hitting drums?
Then, / meet / the percussion family.

_____ / _____ ?
_____ / _____ / _____ .

05
The xylophone and cymbals / are / in the percussion family, / too.

_____ / _____ / _____ .
_____ / _____ .

06
pipe는 '피리'로 관악기의 이름입니다.

Do you enjoy / blowing pipes ?
Then, / find / the wind family / in an orchestra.

즐기는가 / 피리들을 부는 것을 ?
_____ / _____ / _____ / _____ .

07
flute는 '플루트', clarinet은 '클라리넷'으로 관악기의 이름입니다.

The flute and clarinet / are / in the wind family, / too.

플루트와 클라리넷은 / 있다 / 관악기 집단에, / 또한.

08
Find / other instruments / and enjoy / listening / to their sounds.

_____ / _____ / _____ / _____ / _____ .

09
Someday / you / can enjoy / playing them, / too!

_____ / _____ / _____ / _____ !

Workbook p.47에서 문장을 더 연습하기

| seem | 보이다 | seem |
|---|---|---|
| strange | 이상한 | |

seem strange

이상하게 보이다

| purple | 보라색 | |
|---|---|---|
| cloud | 구름 | |

purple cloud

| spin | 돌다 | |
|---|---|---|
| top | 팽이 | |

spin like a top

| blow | 불다 | |
|---|---|---|
| fast | 빠르게 | |

blow very fast

| heavy | 심한 | |
|---|---|---|
| rain | 비 | |

heavy rain

| go | 가다 | |
|---|---|---|
| away | 멀리 | |

go away

## ① want+to부정사

| 주어 | 동사+to부정사 | |
|---|---|---|
| **I** | **want** | **to play.** |
| 나는 | 원한다 | 놀기를. |

✔ 본문 확인하기

| **I** | **want** | **to know** | **about this cloud** . |
|---|---|---|---|
| 나는 / | 원한다 / | 알기를 / | 이 구름에 대해 . |

✔ 본문 체크하기

| **I** | **want** | **to go** | **away** ! |
|---|---|---|---|
| ___ / | ___ / | ___ / | ___ ! |

**핵심 Point**

### want+to부정사
<want+to부정사>는 '~하기를 원하다'라고 해석해요.

⊕ PLUS NOTE

want 뒤에는 명사가 와서 '~를 원하다'라고 해석될 수도 있어요.
ex. I want **a cake.**
　(나는 케이크를 원한다)
　I want **to have a cake.**
　(나는 케이크를 먹기를 원한다)

## ② begin+to부정사

| 주어 | 동사+to부정사 | |
|---|---|---|
| **The cloud** | **begins** | **to spin.** |
| 그 구름은 | 시작한다 | 돌기. |

✔ 본문 확인하기

| **The wind** | **begins** | **to blow** | **very fast** . |
|---|---|---|---|
| 바람은 / | 시작한다 / | 불기 / | 매우 빠르게 . |

✔ 본문 체크하기

| **The tornado** | **begins** | **to come** | **here** ! |
|---|---|---|---|
| ___ / | ___ / | ___ / | ___ ! |

| **People** | **begin** | **to run** | **into their houses** . |
|---|---|---|---|
| ___ / | ___ / | ___ / | ___ . |

**핵심 Point**

### begin+to부정사
<begin+to부정사>는 '~하기 시작하다'라고 해석해요.

⊕ PLUS NOTE

begin 뒤에는 명사가 와서 '~를 시작하다'라고 해석될 수도 있어요.
ex. He begins **a new life.**
　(그는 새 삶을 시작한다)
　He begins **to live a new life.**
　(그는 새 삶을 살기 시작한다)

# Tornado vs. Hurricane

The sky seems strange.

Is it going to rain soon?

I want to know about this big, purple cloud.

The cloud begins to spin like a top.

The wind begins to blow very fast.

Is it a hurricane?

No, it's a tornado.

A hurricane is a big rainstorm.

It has heavy rains.

They both can be very dangerous.

Look! The tornado begins to come here!

People begin to run into their houses.

I want to go away!

**1** 위 글의 내용에 맞게 빈칸에 알맞은 것을 고르세요.

**A _____ has heavy rains and a _____ spins like a top.**

a. hurricane – rainstorm          b. hurricane – tornado

c. rainstorm – snowstorm

**2** 위 글의 내용에 맞게 알맞은 것을 고르세요.

① A tornado has a [ **big / small** ], purple cloud.

② A tornado [ **spins / begins** ] like a top.

③ A hurricane has [ **heavy / light** ] rains.

④ A tornado and a hurricane both can be very [ **dangerous / safe** ].

**우리말로 해석하기**

**01**

The sky / seems / strange.

Is it going to rain / soon?

하늘은 / 보인다 / 이상하게.

비가 올 예정인가 / 곧 ?

**02**

about은 '~에 대하여'의 의미입니다.

I / want / to know / about this big, purple cloud.

_____ / _____

_____ / _____ .

**03**

The cloud / begins / to spin / like a top.

_____ / _____

_____ / _____ .

**04**

The wind / begins / to blow / very fast.

_____ / _____

_____ / _____ .

**05**

Is it / a hurricane?

No, / it's / a tornado.

_____ / _____ ?

아니다 / 그것은 / 토네이도다.

**06**

A hurricane / is / a big rainstorm.

It / has / heavy rains.

허리케인은 / 이다 / 큰 폭풍우.

_____ / _____ / _____ .

**07**

both는 '둘 다'의 의미입니다.

They / both / can be very dangerous.

_____ / _____

**08**

Look! // The tornado / begins / to come / here!

_____ ! // _____ / _____

_____ / _____ !

**09**

People / begin / to run / into their houses.

I / want / to go / away!

사람들은 / 시작한다 / 달리기 / 그들의 집 안으로.

_____ / _____

_____ / _____ !

Workbook p.50에서 문장을 더 연습하기

# PART 8 : 접속사와 전치사

단어와 문장규칙으로 읽는 Reading, 구문이 독해다

## UNIT 18  접속사 1

- 접속사 and

  | Trees and flowers | are | plants. |

- 접속사 or

  | Choose | red or blue. |

## UNIT 19  접속사 2

- 접속사 because

  | because | you | like | oranges |

- 접속사 if

  | if | you | want | to sing |

## UNIT 20  전치사

- 장소 전치사

  | It | shows | places | in our town. |

- 방향 전치사

  | Let's go | to the house. |

단어와 단어가 문장으로 연결되는 **Reading Skill**

**1**
**plant**
□ 동물
☑ 식물

**2**
**shape**
□ 모양
□ 크기

**3**
**tall**
□ (키가) 큰
□ (키가) 작은

**4**
**needle**
□ 바늘
□ 손가락

**5**
**finger**
□ 바늘
□ 손가락

**6**
**frozen**
□ 얼어붙은
□ 뜨거운

**7**
**surface**
□ 표면
□ 내부

**8**
**meet**
□ 헤어지다
□ 만나다

**9**
**lightning**
□ 전구
□ 번개

**10**
**thunder**
□ 천둥
□ 태풍

**11**
**loud**
□ 시끄러운
□ 조용한

**12**
**wet**
□ 젖은
□ 마른

**13**
**cover**
□ 덮다
□ 치우다

**14**
**become**
□ 오다
□ 되다

**15**
**snowstorm**
□ 폭우
□ 눈보라

**16**
**freeze**
□ 얼다
□ 녹다

**17**
**town**
□ 마을
□ 교실

**18**
**map**
□ 세계
□ 지도

**19**
**next to**
□ ~옆에
□ ~뒤에

**20**
**church**
□ 교회
□ 농장

**21**
**across**
□ 가로질러, 건너
□ ~를 향해

**22**
**narrow**
□ 넓은
□ 좁은

**23**
**south**
□ 남쪽
□ 북쪽

**24**
**see**
□ 듣다
□ 보다

정답은 p. 111에서 확인

| plant | 식물 | plant | | plants around us 우리 주변의 식물들 |
| around | ~주변에 | | | |

| different | 다른 | | | different shapes |
| shape | 모양 | | | |

| tall | (키가) 큰 | | | tall or short |
| short | (키가) 작은 | | | |

| needle | 바늘 | | | needles and fingers |
| finger | 손가락 | | | |

| frozen | 얼어붙은 | | | frozen surface |
| surface | 표면 | | | |

| outside | 밖으로 | | | go outside and meet |
| meet | 만나다 | | | |

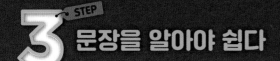

단어, 문장이 바로 구문!!

**①**

**접속사 and**

주어
**Trees and flowers** | **are** | **plants.**
나무들과 꽃들은 | 이다 | 식물들.

✔ 본문 확인하기

**Plants** | **have** | **different shapes and sizes** .
식물들은 / 갖는다 / 다른 모양들과 크기들을 .

**핵심 Point**

**접속사 and**
접속사 and는 '그리고' 또는 '~와/과'라고 해석해요.

✔ 본문 체크하기

**They** | **live** | **in the forest, jungle, desert, and ocean** .
____ / ____ / _____ .

**Some leaves** | **are** | **like needles and fingers** .
_____ / ____ / _____ .

**②**

**접속사 or**

**Choose** | **red or blue.**
골라라 | 빨강 또는 파랑을.

✔ 본문 확인하기

**Plants** | **can be tall or short** .
식물들은 / (키가) 크거나 또는 작을 수 있다 .

**핵심 Point**

**접속사 or**
접속사 or은 '또는'이라고 해석해요.

---

**⊕ PLUS NOTE**
접속사 and와 or은 단어와 단어, 구와 구, 절과 절, 문장과 문장과 같이 같은 형태의 요소들을 연결해요.

| and | *moon* **and** *star* |
|-----|------------------------|
|     | I study *at home* **and** *at school*. |
| or | *dog* **or** *cat* |
|     | She goes *by bus* **or** *by taxi*. |

✔ 본문 체크하기

**Their leaves** | **can be big or little** .
_____ / _____ .

# Different Plants in the World

Plants are always around us.

There are many kinds of plants.

Trees, flowers, and vegetables are all plants.

Plants have different shapes and sizes.

Plants can be tall or short.

Their leaves can be big or little.

Some leaves are like needles and fingers.

Plants live in different places.

They live in the forest, jungle, desert, and ocean.

They can even live on frozen surfaces!

You can find new plants.

Go outside and meet many different plants!

**1** 위 글의 내용에 맞게 주제를 완성해 보세요.

There are many different _____ in the world.
**plants / animals**

**2** 위 글의 내용에 맞게 알맞은 것을 고르세요.

① Trees, flowers, and vegetables are all [ **plants / animals** ].

② Plants have different shapes and [ **sizes / sings** ].

③ Leaves can be [ **big / blue** ] or little.

④ Plants live in different [ **plays / places** ].

**우리말로 해석하기**

01 Plants / are / always around us.

식물들은 / 있다 / 언제나 우리 주변에.

02 There are / many kinds of plants.

있다 / 많은 종류의 식물들이.

03 Trees, flowers, and **vegetables** / are / all plants.

vegetable은 '채소'의 의미입니다.

Plants / have / different shapes and sizes.

_____ / _____ / _____.

_____ / _____ / _____.

04 Plants / can be tall or short.

_____ / _____.

05 Their leaves / can be big or little.

Some leaves / are / like needles and fingers.

그들의 잎들은 / 크거나 또는 작을 수 있다.

_____ / _____ / _____.

06 Plants / live / in different places.

_____ / _____ / _____.

07 They / live / in the forest, jungle, desert, and ocean.

그들은 / 산다 / 숲, 밀림, 사막, 그리고 바다에.

08 They / can **even** live / on frozen surfaces!

even은 '심지어'의 의미입니다.

_____ / _____ / _____!

09 You / can find / new plants.

Go / outside / and meet / many different plants!

_____ / _____ / _____.

_____ / _____ / _____.

_____ / _____!

**Workbook p.53에서 문장을 더 연습하기**

 STEP 단어 쓰기

 STEP 뜻 쓰기

**lightning** 번개 _lightning_ _____

**flash** 번쩍이다 _____

lightning flashes

번개가 번쩍인다

**thunder** 천둥 _____

**loud** 시끄러운 _____

thunder makes
a loud sound

**get** 되다 _____

**wet** 젖은 _____

get wet

**cover** 덮다 _____

**town** 마을 _____

cover the town

**become** 되다 _____

**snowstorm** 눈보라 _____

become a snowstorm

**sidewalk** 인도 _____

**freeze** 얼다 _____

the sidewalk freezes

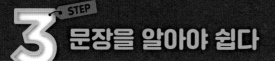
## ①

**접속사 because**

이유

| because | you | like | oranges |
|---------|-----|------|---------|
| 왜냐하면 | 네가 | 좋아하기 때문이다 | 오렌지들을 |

☑ 본문 확인하기

Thunder makes a loud sound,

천둥이 시끄러운 소리를 낸다, /

because | a rainstorm | is coming .

왜냐하면 / 폭풍우가 / 오고 있기 때문이다.

**핵심 Point**

**접속사 because**
접속사 because는 '왜냐하면~때문이다'
라고 해석해요.

⊕ PLUS NOTE
접속사 because는 '결과'와 '원인'으로
짝을 이루는 문장과 문장을 연결해요.
Thunder makes a loud sound(결과)+
because a rainstorm is coming(원인).

☑ 본문 체크하기

The snow covered the town,

_____ /

because | it is snowing | heavily .

____ / ____ / ____ .

## ②

**접속사 if**

조건

| if | you | want | to sing |
|----|-----|------|---------|
| 만약 | 네가 | 원한다면 | 노래하기를 |

☑ 본문 확인하기

If | it rains | for hours,

만약 / 비가 온다면 / 몇 시간 동안, /

it can make a flood .

이것은 홍수를 만들 수 있다 .

**핵심 Point**

**접속사 if**
접속사 if는 '만약~한다면'이라고 해석해요.

⊕ PLUS NOTE
접속사 if는 '조건'과 '가능한 상황'으로
짝을 이루는 문장과 문장을 연결해요.
If it rains for hours(조건)+
it can make a flood(가능한 상황).

☑ 본문 체크하기

If | it snows | for hours, | it can become a snowstorm .

____ / ____ / ____ / ____ .

# A Rainstorm and a Snowstorm Are Coming!

Flash! Lightning flashes.
Boom! Thunder makes a loud sound,
because a rainstorm is coming.

It is raining heavily.
If it rains for hours, it can make a flood.
I stay at home, because I don't want to get wet.

Look! Snow covered the town,
because it is snowing heavily.
I can't go out, because the snow is up to my knees!

If it snows for hours, it can become a snowstorm.
If it becomes cold, the sidewalk freezes.
You have to be careful, because it is so dangerous!

**1** 위 글의 내용에 맞게 빈칸에 알맞은 것을 고르세요.

**A _____ has lightning and thunder and a _____ has heavy snow.**

a. snowstorm – thunder   b. rainstorm – snowstorm   c. rainstorm – cold

**2** 위 글의 내용에 맞게 알맞은 것을 고르세요.

① Lightning flashes because a [ **rainstorm** / **flood** ] is coming.
② If it rains for hours, it can make a [ **flood** / **snowstorm**].
③ Snow covered the town because it is [ **raining** / **snowing** ] heavily.
④ If it snows for hours, it can become a [ **flood** / **snowstorm** ].

01 Flash! // Lightning / flashes.

번쩍! // 번개가 / 번쩍인다.

02 Boom! // Thunder / makes / a loud sound, / because / a rainstorm / is coming.

_____! // _____ / _____ / _____ / 왜냐하면 / 폭풍우가 / 오고 있기 때문이다.

03 It is raining / heavily.

flood는 '홍수'의 의미입니다.

If / it rains / for hours , / it / can make / a flood .

for hours는 '여러 시간 동안'의 의미입니다.

비가 오고 있다 / 심하게.

_____ / _____ / _____ / _____ / _____ / _____.

04 stay는 '머무르다'의 의미입니다.

I / stay / at home, / because / I / don't want / to get wet.

나는 / 머문다 / 집에, / _____ / _____ / _____ / _____.

05 Look! // Snow / covered / the town, / because / it is snowing / heavily.

_____! // _____ / _____ / _____ / _____ / _____ / _____.

06 up to~는 '~까지'의 의미입니다.

I / can't go out, / because / the snow / is / up to my knees !

knee는 '무릎'의 의미입니다.

나는 / 나갈 수 없다, / 왜냐하면 / 눈이 / 있기 때문이다 / 내 무릎까지!

07 If / it snows / for hours, / it / can become / a snowstorm.

_____ / _____ / _____ / _____ / _____ / _____.

08 If / it becomes / cold, / the sidewalk / freezes.

_____ / _____ / _____ / _____ / _____.

09 have to는 '~해야 한다'의 의미입니다.

You / have to be careful, / because / it / is so dangerous!

너는 / 조심해야 한다, / 왜냐하면 / 이것은 / 매우 위험하기 때문이다!

Workbook p.56에서 문장을 더 연습하기

| in | ~안에 | *in* ✏️ |
| town | 마을 | |

in the town

마을 안에 ✏️

| on | ~위에 | |
| map | 지도 | |

on the map

| next to | ~옆에 | |
| church | 교회 | |

next to the church

| across | 가로질러, 건너 | |
| narrow | 좁은 | |

across the narrow river

| toward | ~를 향해 | |
| south | 남쪽 | |

toward the south

| see | 보다 | |
| school | 학교 | |

see the school

단어, 문장이
바로 구문!!

**①**

**장소 전치사**

| 주어 | 동사 | 목적어 | 전치사구 |
|---|---|---|---|
| **It** | **shows** | **places** | **in our town.** |
| 그것은 | 보여준다 | 장소들을 | 우리 마을 안의. |

✔ 본문 확인하기

| **A cute dog** | **lives** | **at the house** | **.** |
|---|---|---|---|
| 귀여운 개가 / | 산다 / | 그 집에 | . |

✔ 본문 체크하기

| **The house** | **is** | **next to the small church** | **.** |
|---|---|---|---|
| _____ / | ___ / | _____ | . |

| **We all** | **live** | **in this town** | **.** |
|---|---|---|---|
| _____ / | ___ / | _____ | . |

**핵심 Point**

**장소 전치사**
in, at, next to 등의 전치사는 '~안에', '~위에', '~옆에'와 같이 장소로 해석해요.

**⊕ PLUS NOTE**
장소 전치사는 다음과 같아요.

| in | ~안에 |
|---|---|
| on | ~위에 |
| at | ~에 |
| next to | ~옆에 |
| by | ~옆에 |
| between ~ and ~ | ~사이에 |
| in front of | ~앞에 |

**②**

**방향 전치사**

| | 전치사구 |
|---|---|
| **Let's go** | **to the house.** |
| 가자 | 그 집으로. |

✔ 본문 확인하기

| **Let's go** | **to the high bridge** | **.** |
|---|---|---|
| 가자 / | 높은 다리로 | . |

✔ 본문 체크하기

| **The river** | **runs** | **toward the south** | **.** |
|---|---|---|---|
| _____ / | ___ / | _____ | . |

**핵심 Point**

**방향 전치사**
to, toward, across 등의 전치사는 '~로', '~를 향해', '가로질러'와 같이 방향으로 해석해요.

**⊕ PLUS NOTE**
방향 전치사는 다음과 같아요.

| to | ~로 |
|---|---|
| toward | ~를 향해 |
| for | ~를 향해 |
| across | 가로질러 |
| through | 통과하여 |
| up | 위로 |
| down | 아래로 |

# Our Town Map

Look at the town map.

It shows many places in our town.

You can see a house, a bridge, and a school.

Let's go to the little house on the map.

Where is the house?

The house is next to the small church.

A cute dog lives at the house.

Let's go to the high bridge on the map.

Where is the bridge?

The bridge is across the narrow river.

The river runs toward the south.

Now, we can see the school.

Students study together at school!

**1** 위 글의 내용에 맞게 알맞은 것을 고르세요.

On the _____, we can see many places in our _____.
    **map / town**                                          **map / town**

**2** 위 글의 내용에 맞게 알맞은 것을 고르세요.

① The little house is [ **next to / at** ] the small church.

② A cute dog lives [ **next to / at** ] the little house.

③ The high bridge is [ **across / toward** ] the narrow river.

④ The narrow river runs [ **across / toward** ] the south.

우리말로 해석하기

**01**

Look at / the town map.

봐라 / 마을 지도를.

**02**

place는 '장소'의 의미입니다.

It / shows / many places / in our town.

_____ / _____ /

_____ / _____ .

**03**

You / can see / a house, a bridge, and a school.

너는 / 볼 수 있다 / 집, 다리, 그리고 학교를.

**04**

Let's go / to the little house / on the map.

Where is / the house?

_____ / _____ / _____ .

_____ / _____ ?

**05**

The house / is / next to the small church.

A cute dog / lives / at the house.

_____ / _____ / _____ .

_____ / _____ / _____ .

**06**

Let's go / to the high bridge / on the map.

Where is / the bridge?

가자 / 높은 다리로 / 지도 위의.

어디에 있는가 / 그 다리가?

**07**

The bridge / is / across the narrow river.

_____ / _____ / _____ .

**08**

The river / runs / toward the south.

_____ / _____ / _____ .

**09**

Now, / we / can see / the school.

_____ / _____ /

_____ / _____ .

Students / study / together / at school!

together는 '함께'의 의미입니다.

학생들은 / 공부한다 / 함께 / 학교에서!

Workbook p.59에서 문장을 더 연습하기

초등 영어, 이제 구문으로 읽어요!

# 구문이 독해다

정답과 해설

**2**

# 정답과 해설

---

## PART 01 　be동사의 과거형

### 단어

1 첫 번째의 　2 추수감사절 　3 모이다 　4 함께 　5 영국의 　6 사람들 　7 항해하다 　8 배 　9 아주 적은, 거의 없는 　10 음식 　11 큰 　12 축제 　13 유명한 　14 발명가 　15 추측하다 　16 발명품 　17 발명하다 　18 전화기 　19 만들다 　20 비행기 　21 ~덕분에 　22 전구 　23 보다 　24 밤에

---

### UNIT 01 　The First Thanksgiving 　p.10

#### STEP 1+2

① 첫 번째 추수감사절 / 함께 모이다
② 영국 사람들 / 배를 타고 항해하다
③ 아주 적은 음식 / 큰 축제

#### STEP 3

① 첫 번째 추수감사절은 / 이었다 / 큰 축제
② 그들의 배의 이름은 / 이었다 / '메이플라워'
③ 있었다 / 아주 적은 음식이
④ 1621년 가을에 / 있었다 / 많은 음식이

### Reading 정답

1 Native Americans, Thanksgiving 　2 ① F ② T ③ T ④ T

### 한 문장씩 확인하기

01 추수감사절은 / 이다 / 큰 휴일 / 미국에서
02 가족들은 / 모인다 / 함께 / 그리고 / 먹는다 / 특별한 음식을
03 첫 번째 추수감사절은 / 또한 이었다 / 큰 축제 / 1621년에
04 1620년에 / 많은 영국 사람들이 / 항해했다 / 배를 타고 / 아메리카 대륙으로
　그들의 배의 이름은 / 이었다 / '메이플라워'
05 그래서 / 있었다 / 많은 영국 사람들이 / 미국에
　그러나 / 겨울은 / 미국의 / 아주 춥고 눈이 내렸다
06 있었다 / 아주 적은 음식이 / 그리고 / 많은 사람들이 / 죽었다
　하지만 / 다음 해에 / 아메리카 원주민들이 / 도왔다 / 영국 사람들을
07 그들은 / 길렀다 / 음식을 / 함께 // 그들은 / 사냥했다 / 함께
　그래서 / 1621년 가을에는 / 있었다 / 많은 음식이
08 영국 사람들은 / 매우 감사했다
　그들은 / 가졌다 / 큰 축제를 / 함께
09 그것은 / 이었다 / 첫 번째 추수감사절

---

### UNIT 02 　Edison's Inventions 　p.14

#### STEP 1+2

① 유명한 발명가 / 발명품을 추측하다

---

② 전화기를 발명하다 / 비행기를 만들다
③ 전구 덕분에 / 밤에 보다

#### STEP 3

① 이었는가 / 비행기는 / 그의 발명품
② 이었는가 / 전구는 / 그의 발명품
③ 비행기는 / 아니었다 / 그의 발명품이

### Reading 정답

1 ① T ② F 　2 ① inventor ② invented ③ airplane

### 한 문장씩 확인하기

01 토마스 에디슨은 / 이었다 / 유명한 발명가
02 그는 / 만들었다 / 1,000개 이상의 발명품을
03 추측해보자 / 그것들이 무엇인지
04 이었는가 / 전화기는 / 그의 발명품
05 아니다 / 전화기는 / 아니었다 / 그의 발명품이
06 알렉산더 그레이엄 벨이 / 발명했다 / 전화기를
07 이었는가 / 비행기는 / 그의 발명품
　아니다 / 비행기는 / 아니었다 / 그의 발명품이
08 라이트 형제가 / 만들었다 / 비행기를
　이었는가 / 전구는 / 그의 발명품
09 그렇다 / 전구는 / 이었다 / 그의 발명품
　전구 덕분에 / 우리는 / 볼 수 있다 / 밤에

---

## PART 02 　일반동사의 과거형

### 단어

1 심다 　2 씨앗 　3 순무 　4 자라다 　5 필요로 하다 　6 음식 　7 ~하고 싶다 　8 먹다 　9 ~하려고 애쓰다 　10 잡아당기다 　11 마침내 　12 나오다 　13 까마귀 　14 앉다 　15 조각 　16 치즈 　17 배고픈 　18 여우 　19 똑똑한 　20 생각 　21 열다 　22 부리 　23 받다 　24 다시

---

### UNIT 03 　The Old Man and the Turnip 　p.20

#### STEP 1+2

① 씨앗을 심다 / 순무가 자란다
② 약간의 음식을 필요로 하다 / 먹고 싶다
③ 잡아당기려고 애쓰다 / 마침내 나오다

#### STEP 3

① 그는 / 먹고 싶었다 / 순무를
② 그는 / 잡아당기려고 애썼다 / 순무를
③ 순무는 / 나왔다

# 정답과 해설

**Reading 정답**

1 c  2 ① wanted to  ② pulled  ③ called  ④ came

## 한 문장씩 확인하기

01 할아버지가 / 심었다 / 씨앗을 / 땅에
02 그것은 / 이었다 / 순무 씨앗
03 순무는 / 자랐다 / 점점 더 크게
04 그것은 / 되었다 / 매우 크게
05 할아버지는 / 필요로 했다 / 약간의 음식을
06 그는 / 먹고 싶었다 / 순무를
    그는 / 잡아당기려고 애썼다 / 순무를
07 하지만 / 순무는 / 움직이지 않았다
    할아버지는 / 불렀다 / 할머니를
08 "와서 도와줘!" / 그는 / 소리쳤다
    그들은 / 당기고 / 당기고 / 당겼다
09 마침내 / 순무가 / 나왔다
    그들은 / 둘 다 행복했다

06 그는 / 물었다 / 까마귀에게 / "노래해줄 수 있니 / 나를 위해?"
    까마귀는 / 알지 못했다 / 여우의 생각에 대해
07 그는 / 열었다 / 그의 부리를 / 그리고 노래했다
    그가 열었을 때 / 그의 부리를 / 치즈가 / 떨어졌다
08 까마귀는 받았는가 / 그의 치즈를 / 다시
    아니다 / 까마귀는 / 받지 못했다 / 그의 치즈를 / 다시
09 여우가 / 받았다 / 치즈를
    그는 / 먹었다 / 그것을 / 그의 저녁으로

---

## PART 03   문장형식

### 단어

1 계절  2 따뜻한  3 봄  4 기르다  5 여름  6 시원한  7 가을
8 겨울  9 다른  10 가게  11 도시  12 보여주다  13 가르치다
14 요리하다  15 가까운  16 친구  17 중요한  18 생존
19 에너지  20 맛있는  21 아픈  22 피라미드  23 돕다  24 몸

---

## UNIT 04   The Fox and the Crow   p.24

### STEP 1+2

① 까마귀가 앉다 / 치즈 한 조각
② 배고픈 여우 / 똑똑한 생각
③ 그의 부리를 열다 / 다시(돌려) 받다

### STEP 3

① 까마귀는 / 받지 못했다 / 치즈를
② 그 여우가 원했는가 / 치즈를
③ 까마귀는 받았는가 / 그의 치즈를 / 다시

**Reading 정답**

1 a  2 ① cheese  ② smart  ③ opened  ④ ate

## 한 문장씩 확인하기

01 까마귀가 / 앉았다 / 나무에
02 그가 가지고 있었는가 / 무언가를 / 그의 부리 안에
    그렇다 / 그는 / 가지고 있었다 / 큰 치즈 한 조각을 / 그의 부리 안에
03 여우가 / 앉았다 / 나무 아래에
04 그는 / 먹지 않았다 / 저녁을
    그는 / 배가 고팠다
05 그 여우가 원했는가 / 치즈를
    그렇다 / 그는 / 그랬다 // 그리고 그는 / 가지고 있었다 / 똑똑한 생각을

---

## UNIT 05   Four Seasons   p.30

### STEP 1+2

① 계절은 변한다 / 따뜻한 봄
② 잎사귀들을 기르다 / 화창한 여름
③ 시원한 가을 / 눈이 오는 겨울

### STEP 3

① 여름은 / 온다 / 봄 뒤에
② 여름은 / 덥고 화창하다
③ 잎사귀들은 / 바꾼다 / 색깔을

**Reading 정답**

1 c  2 ① spring  ② fall  ③ hot  ④ snowy

## 한 문장씩 확인하기

01 일 년은 / 가지고 있다 / 사계절을
02 그들은 / 이다 / 봄, 여름, 가을, 그리고 겨울
03 날씨는 / 변한다 / 계절에 따라
04 봄은 / 따뜻하다 // 그저 보아라 / 어떤 들판이든
05 꽃들이 / 피어난다 / 봄에
    그리고 나무들은 / 기른다 / 새로운 잎사귀들을
06 여름은 / 온다 / 봄 뒤에
    여름은 / 덥고 화창하다
    나무들은 / 가진다 / 많은 초록색 잎사귀들을 / 여름에

07 가을은 / 온다 / 여름 뒤에

가을은 / 시원하다

가을에 / 잎사귀들은 / 바꾼다 / 색깔을 / 그리고 떨어진다 / 나무에서

08 겨울은 / 온다 / 그 다음에

겨울은 / 춥고 눈이 온다

많은 나무들은 / 잎사귀들을 가지지 않는다 / 겨울에

09 우리는 / 볼 수 있다 / 자연의 다른 얼굴을 / 각각의 계절에

---

| UNIT 06 | **American Indians** | p.34 |

**STEP 1+2**

① 다르게 보이다 / 도시 속의 가게들

② 사냥하는 법을 보여주다 / 기르는 법을 가르치다

③ 약간의 음식을 요리하다 / 가까운 친구들

**STEP 3**

① 그들은 / 가르쳤다 / 그 사람들에게 / 음식을 기르는 법을

② 그들은 / 주었다 / 선물들을 / 아메리카 인디언들에게

## Reading 정답

1 ① T ② T   2 ① first ② England ③ how to ④ cooked

## 한 문장씩 확인하기

01 아주 오래 전 / 아메리카 대륙은 / 다르게 보였다

02 없었다 / 도시, 가게, 또는 자동차들이

03 아메리카 인디언들은 / 살았다 / 그곳에

04 그들은 / 이었다 / 첫 번째 사람들 / 아메리카 대륙에 살았던

05 영국에서 온 사람들이 도착했을 때 / 아메리카 대륙에 / 아메리카 인디언들은 / 도왔다 / 그들을

06 그들은 / 보여주었다 / 그 사람들에게 / 사냥하는 법을

그들은 / 가르쳤다 / 그 사람들에게 / 음식을 기르는 법을

07 영국에서 온 사람들은 / 감사했다 / 아메리카 인디언들에게

08 그들은 / 요리해 주었다 / 약간의 음식을 / 아메리카 인디언들에게

그들은 / 주었다 / 선물들을 / 아메리카 인디언들에게 / 또한

09 그들은 / 되었다 / 가까운 친구가

---

| UNIT 07 | **The Food Pyramid** | p.38 |

**STEP 1+2**

① 생존에 중요한 / 에너지를 주다

② 맛있는 음식 / 심하게 아픈

③ 식품 피라미드는 돕는다 / 강한 몸

**STEP 3**

① 나쁜 음식은 / 만든다 / 우리를 / 불행하게

② 건강하지 못한 음식은 / 만든다 / 우리를 / 심하게 아프게

---

③ 그것은 / 해준다 / 우리가 / 강한 몸을 가지도록

④ 식품 피라미드는 / 돕는다 / 우리가 / 건강한 음식을 먹도록

## Reading 정답

1 healthy   2 ① T ② T ③ F ④ F

## 한 문장씩 확인하기

01 음식은 / 중요하다 / 우리의 생존에

02 음식은 / 준다 / 우리에게 / 에너지를

03 그 에너지는 / 돕는다 / 우리가 / 움직이도록

04 음식은 / 만들 수 있다 / 우리를 / 더 기분 좋게

맛있는 음식은 / 유지시킨다 / 우리를 / 행복하게

05 나쁜 음식은 / 만든다 / 우리를 / 불행하게

정크 푸드는 / 맛있다 / 하지만 / 그것은 / 건강하지 못하다

06 건강하지 못한 음식은 / 만든다 / 우리를 / 심하게 아프게

그래서 / 우리는 / 먹을 필요가 있다 / 건강한 음식을

07 식품 피라미드는 / 돕는다 / 우리가 / 건강한 음식을 먹도록

그것은 / 보여준다 / 다섯 가지의 서로 다른 식품군을

08 우리는 / 먹을 필요가 있다 / 다섯 가지 식품군을 / 매일

09 그것은 / 해준다 / 우리가 / 강한 몸을 가지도록

---

### PART 04   시제

**단어**

1 여행하다  2 우주  3 우주인  4 우주선  5 지구  6 발사하다  7 ~로 남아 있다  8 새로운  9 개미  10 비둘기  11 연못  12 빠지다, 떨어지다  13 기어오르다  14 잎  15 돕다  16 1분, 잠시  17 파다  18 구멍  19 흙  20 씨앗  21 물을 주다  22 행복한  23 꽃  24 열매, 과일

---

| UNIT 08 | **Let's Travel into Space!** | p.44 |

**STEP 1+2**

① 우주로 여행하다 / 첫 우주인

② 우주선이 이륙했다 / 달과 지구

③ 매년 우주선들을 발사하다 / 새롭게 남아 있다

**STEP 3**

① 이제 / 너는 / 거기에 있다

② 우리는 / 발사한다 / 우주선들을 / 매년

# 정답과 해설

③ 그는 / 되었다 / 우주인이 / 1960년에
④ 50년 전에 / 우주는 / 새로웠다 / 우리에게

## Reading 정답

1 b  2 ① Yuri Gagarin ② Neil Armstrong ③ in 2001 ④ do not always

## 한 문장씩 확인하기

01 때때로 / 우리는 / 여행한다 / '새로운' 장소로
02 너는 / 절대 가지 않았다 / 거기에 / 이전엔 / 그러나 / 이제 / 너는 / 거기에 있다
03 그리고 / 항상 있다 / 이런 '첫 번째' 때는
04 유리 가가린은 / 또한 가졌었다 / 그의 첫 번째 시간을 / 우주에서
   유리 가가린은 / 이었다 / 첫 번째 사람 / 우주에서
05 그는 / 되었다 / 우주인이 / 1960년에
06 1961년에 / 그의 우주선은 / 이륙했다
   그리고 / 그는 / 갔다 / 우주로
07 그러나 / 유리 가가린은 / 아니었다 / 마지막 인간이 / 우주에 있는
   1969년에 / 닐 암스트롱은 / 갔다 / 달에
08 그리고 / 2001년에 / 데니스 티토는 / 여행했다 / 지구 주위를
   50년 전에 / 우주는 / '새로웠다' / 우리에게
09 그러나 / 지금 / 우리는 / 발사한다 / 우주선들을 / 거의 매년
   그러니 / '새로운' 장소들은 / 항상 새롭게 남아 있는 것은 아니다

---

**UNIT 09**  An Ant and a Dove  p.48

### STEP 1+2

① 개미와 비둘기 / 연못가에
② 연못 안으로 빠지다 / 잎 위로 기어오르다
③ 잠시 전에 / 다른 사람들을 돕다

### STEP 3

① 나는 / 던지고 있다 / 너에게 / 잎을
② 이제 / 너는 / 숨을 쉬고 있다
③ 비둘기가 / 앉아 있었다 / 나무에 / 그때
④ 나는 / 죽어가고 있었다 / 잠시 전에

### Reading 정답

1 b  2 ① were ② walking by ③ sitting in ④ good friends

### 한 문장씩 확인하기

01 개미와 비둘기가 / 숲 속에 있었다
02 어느 날 / 개미는 / 걷고 있었다 / 연못가를
03 그는 / 갔다 / 연못으로 / 그리고 / 마셨다 / 물을 좀

---

04 그러나 / 그는 / 빠졌다 / 연못 안으로
   "도와줘! / 나는 / 가라앉고 있어!" / 라고 그가 외쳤다
05 비둘기가 / 앉아 있었다 / 나무에 / 그때
   "나는 / 던지고 있어(던질게) / 너에게 / 잎을!" / 이라고 비둘기가 외쳤다
06 "기어올라와 / 잎 위로!"
   개미는 / 기어올랐다 / 잎 위로
07 "휴, / 이제 / 너는 / 숨을 쉬고 있구나," / 라고 비둘기가 말했다
08 "고마워. / 나는 / 죽어가고 있었어 / 잠시 전에," / 라고 개미가 말했다
   이후에 / 그들은 / 되었다 / 좋은 친구가
09 비둘기처럼 / 도와라 / 다른 사람들을
   그러면 / 너는 / 될 수 있다 / 좋은 친구가 / 그들에게

---

**UNIT 10**  From a Seed to a New Plant  p.52

### STEP 1+2

① 구멍을 파다 / 흙으로 덮다
② 씨앗들이 자란다 / 매일 씨앗들에게 물주다
③ 그들을 행복하게 만들다 / 꽃들은 열매를 만든다

### STEP 3

① 씨앗들은 / 될 것이다 / 새로운 식물들이
② 우리의 농부는 / 행복할 것이다
③ 우리는 / 될 것이다 / 콩 식물들이

### Reading 정답

1 c  2 ① watered ② going to ③ fruit ④ become

### 한 문장씩 확인하기

01 우리는 / 이다 / 콩 씨앗들
02 농부는 / 일했다 / 열심히 / 우리를 위해
03 농부는 / 팠다 / 구멍을 / 그리고 / 두었다 / 우리를 / 구멍 안에
04 그 다음 / 그녀는 / 덮었다 / 우리를 / 흙으로
   그리고 / 그녀는 / 물을 주었다 / 우리에게 / 매일
05 우리는 / 자랄 것이다
   우리는 / 될 것이다 / 콩 식물들이
06 줄기들과 잎들이 / 자랄 것이다
   꽃들이 / 자라기 시작할 것이다 / 또한
07 이 꽃들은 / 만든다 / 열매를
   열매 안에는 / 있다 / 씨앗들이
08 이후에 / 씨앗들은 / 될 것이다 / 새로운 식물들이
   그러면 / 우리의 농부는 / 행복할 것이다
09 너의 부모님들은 / 일했다 / 열심히 / 너를 위해 / 또한
   그러니 / 너는 / 역시 자랄 것이다 / 그리고 / 만들 것이다 / 그들을 / 행복하게

**단어**

1 종류  2 색깔  3 따뜻한  4 시원한  5 섞다  6 물감  7 보라색
8 느끼다  9 낳다, 놓다  10 알  11 부화하다  12 사라지다  13 다
리  14 뛰어오르다  15 잡다  16 벌레, 곤충  17 상어  18 모
양  19 크기  20 가장 큰  21 가장 작은  22 배  23 날카로운
24 이빨들

---

| UNIT 11 | Warm Colors & Cool Colors | p.58 |
|---------|---------------------------|------|

**STEP 1+2**

① 두 종류의 색깔들 / 따뜻하거나 시원한
② 따뜻한 태양을 떠올리다 / 물감을 섞다
③ 보라색 포도 / 온기를 느끼다

**STEP 3**

① 떠올려보자 / 시원한 바다를
② 섞어보자 / 빨간색 물감과 파란색 물감을
③ 빨간 태양은 / 만든다 / 우리를 / 따뜻하게
④ 파란 바다는 / 만든다 / 우리를 / 시원하게

## Reading 정답

1 warm, cool    2 ① warm ② purple ③ cool ④ feel

## 한 문장씩 확인하기

01 있다 / 두 종류의 색깔들이
02 그들은 / 이다 "따뜻한" 색 / 그리고 / "시원한" 색
03 떠올려보자 / 따뜻한 태양을
　　무슨 색을 / 너는 떠올리는가
04 빨간색 // 빨간 태양은 / 만든다 / 우리를 / 따뜻하게
　　그래서 / 빨간색은 / 따뜻하다
05 떠올려보자 / 시원한 바다를
　　무슨 색을 / 너는 떠올리는가
06 파란색 // 파란 바다는 / 만든다 / 우리를 / 시원하게
　　그래서 / 파란색은 / 시원하다
07 섞어보자 / 빨간 물감과 파란 물감을
　　그것은 / 이다 / 보라색
08 무슨 과일을 / 너는 떠올리는가 // 포도
　　보라색 포도는 / 시원하다
　　그래서 / 보라색은 / 시원하다
09 그래서 / 빨간색은 / 만든다 / 우리가 / 온기를 느끼게
　　하지만 / 파란색과 보라색은 / 만든다 / 우리가 / 시원함을 느끼게

---

| UNIT 12 | From a Tadpole to a Frog | p.62 |
|---------|--------------------------|------|

**STEP 1+2**

① 알을 낳다 / 알에서부터 부화하다
② 천천히 사라지다 / 뒷다리들
③ 높이 뛰어오르다 / 벌레들을 잡다

**STEP 3**

① 올챙이들은 / 갖고 있다 / 매우 긴 꼬리를
② 마침내 / 그들은 / 된다 개구리들이
③ 열어라 / 너의 눈을 / 넓게 / 그리고 / 보아라
④ 그들은 / 뛰어오른다 / 매우 높이

## Reading 정답

1 b    2 ① F ② T ③ F ④ T

## 한 문장씩 확인하기

01 대부분의 개구리들은 / 낳는다 / 알들을 / 물속에서
02 올챙이들은 / 부화한다 / 알에서부터
03 올챙이들은 / 갖고 있다 / 매우 긴 꼬리를
　　이후에 / 꼬리는 / 천천히 / 사라진다
04 그들은 / 성장시킨다 / 다리를
　　마침내 / 그들은 / 된다 / 개구리들이
05 열어라 / 너의 눈을 / 넓게 / 그리고 / 보아라
06 개구리들은 / 갖고 있다 / 긴 뒷다리를
　　그들은 / 뛰어오른다 / 매우 높이
07 개구리들은 / 갖고 있다 / 긴 혀를
　　그들은 / 잡는다 / 벌레들을 / 매우 빠르게
08 올챙이들은 / 된다 / 어른 개구리들이
09 올챙이들처럼 / 우리는 / 될 것이다 / 어른들이 / 또한

---

| UNIT 13 | Sharks in the Sea | p.66 |
|---------|-------------------|------|

**STEP 1+2**

① 상어를 두려워하다 / 모양과 크기
② 가장 큰 물고기 / 가장 작은 상어
③ 하얀 배 / 날카로운 이빨들

**STEP 3**

① 그것은 / 더 작다 / 너의 손보다
② 그들은 / 헤엄친다 / 더 빠르게 / 너보다
③ 그것은 / 이다 / 가장 작은 상어
④ 그것은 / 이다 / 최고의 사냥꾼 / 바다에서

## Reading 정답

1 Sharks, different    2 ① biggest ② smallest ③ best ④ faster

# 정답과 해설

## 한 문장씩 확인하기

01 두려운가 / 상어가
　　상어는 / 이다 / 바다의 왕
02 있다 / 500 종류 이상의 상어들이
03 그들은 / 모양과 크기가 서로 다르다
04 고래 상어는 / 이다 / 가장 큰 물고기 / 바다에서
05 그것은 / 더 크다 / 버스보다
06 난쟁이 상어는 / 이다 / 가장 작은 상어
　　그것은 / 더 작다 / 너의 손보다
07 백상아리는 / 갖고 있다 / 하얀 배를
　　그것은 / 이다 / 최고의 사냥꾼 / 바다에서
08 그것은 / 사냥한다 / 물고기를 / 잘 / 그것의 날카로운 이빨들로
　　상어는 / 헤엄친다 / 매우 빠르게
09 그들은 / 헤엄친다 / 더 빠르게 / 너보다
　　그러니 / 조심해라 / 네가 갈 때 / 바다 속으로

## 한 문장씩 확인하기

01 인간 아기들은 / 걸을 수 없다 / 처음에는
02 아기 새들은 / 날 수 없다 / 처음에는 / 또한
03 부모 새들은 / 먹인다 / 아기 새들을
　　아기 새들은 / 날지도 모른다 / 언젠가
04 대부분의 새들은 / 가지고 있다 / 날개들을
　　그들은 / 날 수 있다 / 그들의 날개들을 가지고
05 하지만 / 몇몇 새들은 / 사용할 수 없다 / 그들의 날개들을 / 비행을 위해
06 펭귄들은 / 가지고 있다 / 짧은 날개들을
　　그들은 / 날 수 없다
07 그들은 / 수영할 수 있다 / 잘 / 대신에
08 타조들은 / 가지고 있다 / 약한 날개들을
　　그들은 / 날 수 없다
09 하지만 / 그들은 / 달릴지도 모른다 / 더 빠르게 / 너보다

---

## PART 06　　조동사

### 단어

1 인간　2 걷다　3 먹이다　4 아기　5 사용하다　6 비행을 위해
7 ~할 수 없다　8 날다　9 수영하다　10 대신에　11 약한
12 날개　13 공기　14 우주　15 마시다　16 물　17 씻다　18 옷
19 들이마시다　20 신선한　21 보호하다, 절약하다　22 나무
23 얻다　24 ~으로부터

---

### STEP 1+2

① 인간들은 걷는다 / 아기를 먹이다
② 비행을 위해 사용하다 / 날 수 없다
③ 그들은 대신에 수영한다 / 약한 날개들

### STEP 3

① 하지만 / 몇몇 새들은 / 사용할 수 없다 / 그들의 날개들을
② 그들은 / 수영할 수 있다 / 잘 / 대신에
③ 하지만 / 그들은 / 달릴지도 모른다 / 더 빠르게 / 너보다

### Reading 정답

1 short, weak　2 ① cannot　② can　③ short　④ weak

---

### STEP 1+2

① 우주 속의 공기 / 물을 마시다
② 옷을 세탁하다 / 신선한 공기를 들이마시다
③ 나무들을 보호하다 / 나무들로부터 얻다

### STEP 3

① 우리는 / 절약해야 한다 / 물을
② 우리는 / 보호해야 한다 / 나무들을

### Reading 정답

1 water, trees　2 ① drink　② cook　③ air　④ breathe

## 한 문장씩 확인하기

01 없다 / 물 또는 공기가 / 우주에는
02 너는 살 수 있는가 / 우주에서 / 이것들 없이
03 모든 사람들은 / 마셔야 한다 / 깨끗한 물을
04 우리는 / 요리할 수 있다 / 음식을 / 물을 가지고
　　우리는 / 또한 세탁한다 / 옷을 / 물을 가지고
05 물 없이 / 우리는 / 살 수 없다
　　우리는 / 절약해야 한다 / 물을
06 모든 사람들은 / 들이마셔야 한다 / 신선한 공기를
　　우리는 / 얻을 수 있다 / 신선한 공기를 / 나무들로부터
07 나무들이 없을 때 / 우리는 / 호흡할 수 없다
08 우리는 / 만들 수 있다 / 많은 것들을 / 나무들로부터
　　우리는 / 만든다 / 책상들과 종이를 / 나무들로부터
09 우리는 / 보호해야 한다 / 나무들을

## 단어

1 음악적인　2 도구　3 보이다　4 비슷하게　5 타악기　6 집단
7 관악기　8 관현악단　9 듣다　10 소리　11 즐기다　12 연주
하다　13 보이다　14 이상한　15 보라색　16 구름　17 돌다
18 팽이　19 불다　20 빠르게　21 심한　22 비　23 가다　24 멀리

---

### UNIT 16　Let's Play Musical Instruments!　p.82

#### STEP 1+2

① 악기 / 비슷하게 보이다
② 타악기 집단 / 관현악단의 관악기 집단
③ 그 소리들을 듣다 / 악기들을 연주하는 것을 즐기다

#### STEP 3

① 좋아하는가 / 북들을 치는 것을
② 즐겨라 / 듣는 것을 / 그들의 소리들을
③ 언젠가 / 너는 / 즐길 수 있다 / 그것들을 연주하는 것을 / 또한

## Reading 정답

1 c　2 ① musical ② alike ③ percussion ④ wind

## 한 문장씩 확인하기

01 좋아하는가 / 악기들을 연주하는 것을
02 있다 / 많은 악기들이
03 몇몇 악기들은 / 비슷하게 보인다
　그들은 / 있다 / 같은 집단에
04 좋아하는가 / 북들을 치는 것을
　그렇다면 / 만나라 / 타악기 집단을
05 실로폰과 심벌즈는 / 있다 / 타악기 집단에 / 또한
06 즐기는가 / 피리들을 부는 것을
　그렇다면 / 찾아라 / 관악기 집단을 / 관현악단에서
07 플루트와 클라리넷은 / 있다 / 관악기 집단에 / 또한
08 찾아라 / 다른 악기들을 / 그리고 즐겨라 / 듣는 것을 / 그들의 소리들을
09 언젠가 / 너는 / 즐길 수 있다 / 그것들을 연주하는 것을 / 또한

---

### UNIT 17　Tornado vs. Hurricane　p.86

#### STEP 1+2

① 이상하게 보이다 / 보라색 구름
② 팽이처럼 돌다 / 매우 빠르게 불다
③ 폭우 / 멀리 가다

#### STEP 3

① 나는 / 원한다 / 가기를 / 멀리
② 토네이도는 / 시작한다 / 오기 / 여기로
③ 사람들은 / 시작한다 / 달리기 / 그들의 집 안으로

## Reading 정답

1 b　2 ① big ② spins ③ heavy ④ dangerous

## 한 문장씩 확인하기

01 하늘은 / 보인다 / 이상하게
　비가 올 예정인가 / 곧
02 나는 / 원한다 / 알기를 / 이 크고, 보라색인 구름에 대해
03 구름은 / 시작한다 / 돌기 / 팽이처럼
04 바람은 / 시작한다 / 불기 / 매우 빠르게
05 그것은 / 허리케인인가
　아니다 / 그것은 / 토네이도다
06 허리케인은 / 이다 / 큰 폭풍우
　그것은 / 가진다 / 폭우를
07 그들은 / 둘 다 / 매우 위험할 수 있다
08 봐라 // 토네이도는 / 시작한다 / 오기 / 여기로
09 사람들은 / 시작한다 / 달리기 / 그들의 집 안으로
　나는 / 원한다 / 가기를 / 멀리

---

## 단어

1 식물　2 모양　3 (키가) 큰　4 바늘　5 손가락　6 얼어붙은
7 표면　8 만나다　9 번개　10 천둥　11 시끄러운　12 젖은
13 덮다　14 되다　15 눈보라　16 얼다　17 마을　18 지도
19 ~옆에　20 교회　21 가로질러, 건너　22 좁은　23 남쪽
24 보다

---

### UNIT 18　Different Plants in the World　p.92

#### STEP 1+2

① 우리 주변의 식물들 / 다른 모양들
② (키가) 크거나 또는 작은 / 바늘들과 손가락들
③ 얼어붙은 표면 / 밖으로 가고 만나다

#### STEP 3

① 그들은 / 산다 / 숲, 밀림, 사막, 그리고 바다에
② 몇몇 잎들은 / 이다 / 바늘들과 손가락들 같이
③ 그들의 잎들은 / 크거나 또는 작을 수 있다

# 정답과 해설

## Reading 정답

1 plants   2 ① plants ② sizes ③ big ④ places

## 한 문장씩 확인하기

01 식물들은 / 있다 / 언제나 우리 주변에
02 있다 / 많은 종류의 식물들이
03 나무들, 꽃들, 그리고 채소들은 / 이다 / 모두 식물들
    식물들은 / 가지고 있다 / 다른 모양들과 크기들을
04 식물들은 / (키가) 크거나 또는 작을 수 있다
05 그들의 잎들은 / 크거나 또는 작을 수 있다
    몇몇 잎들은 / 이다 / 바늘들과 손가락들 같이
06 식물들은 / 산다 / 다른 장소들에
07 그들은 / 산다 / 숲, 밀림, 사막, 그리고 바다에
08 그들은 / 심지어 살 수 있다 / 얼어붙은 표면에서도
09 너는 / 찾을 수 있다 / 새로운 식물들을
    가라 / 밖으로 / 그리고 만나라 / 많은 다른 식물들을

---

**UNIT 19**    **A Rainstorm and a Snowstorm Are Coming!** p.96

### STEP 1+2

① 번개가 번쩍인다 / 천둥이 시끄러운 소리를 낸다
② 젖게 되다(젖다) / 마을을 덮다
③ 눈보라가 되다 / 인도가 언다

### STEP 3

① 눈이 마을을 덮었다 / 왜냐하면 / 눈이 오고 있기 때문이다 / 심하게
② 만약 / 눈이 온다면 / 몇 시간 동안 / 이것은 눈보라가 될 수 있다

## Reading 정답

1 b    2 ① rainstorm ② flood ③ snowing ④ snowstorm

## 한 문장씩 확인하기

01 번쩍 // 번개가 / 번쩍인다
02 쾅 // 천둥이 / 낸다 / 시끄러운 소리를 / 왜냐하면 / 폭풍우가 / 오고 있기 때문이다
03 비가 오고 있다 / 심하게
    만약 / 비가 온다면 / 몇 시간 동안 / 이것은 / 만들 수 있다 / 홍수를
04 나는 / 머문다 / 집에 / 왜냐하면 / 나는 / 원하지 않기 때문이다 / 젖게 되는 것을
05 봐라 // 눈이 / 덮었다 / 마을을 / 왜냐하면 / 눈이 오고 있기 때문이다 / 심하게
06 나는 / 나갈 수 없다 / 왜냐하면 / 눈이 / 있기 때문이다 / 내 무릎까지
07 만약 / 눈이 온다면 / 몇 시간 동안 / 이것은 / 될 수 있다 / 눈보라가
08 만약 / 된다면 / 춥게 / 인도는 / 언다
09 너는 / 조심해야 한다 / 왜냐하면 / 이것은 / 매우 위험하기 때문이다

---

**UNIT 20**    **Our Town Map**           p.100

### STEP 1+2

① 마을 안에 / 지도 위에
② 교회 옆에 / 좁은 강을 가로질러
③ 남쪽을 향해 / 학교를 보다

### STEP 3

① 그 집은 / 있다 / 작은 교회 옆에
② 우리 모두는 / 산다 / 이 마을 안에
③ 그 강은 / 흐른다 / 남쪽을 향해

## Reading 정답

1 map, town    2 ① next to ② at ③ across ④ toward

## 한 문장씩 확인하기

01 봐라 / 마을 지도를
02 그것은 / 보여준다 / 많은 장소들을 / 우리 마을 안의
03 너는 / 볼 수 있다 / 집, 다리, 그리고 학교를
04 가자 / 작은 집으로 / 지도 위의
    어디에 있는가 / 그 집은
05 그 집은 / 있다 / 작은 교회 옆에
    귀여운 개가 / 산다 / 그 집에
06 가자 / 높은 다리로 / 지도 위의
    어디에 있는가 / 그 다리가
07 그 다리는 / 있다 / 좁은 강을 가로질러
08 그 강은 / 흐른다 / 남쪽을 향해
09 이제 / 우리는 / 볼 수 있다 / 학교를
    학생들은 / 공부한다 / 함께 / 학교에서

초등 독해, 이제 구문으로 읽어요!

# 구문이 독해다

## Workbook 2

교육 R&D에 앞서가는

키출판사

초등 영어, 이제 구문으로 읽어요!

# 구문이 독해다

## Workbook 2

주어진 우리말에 해당하는 단어를 쓰세요

| 우리말 | 단어 쓰기 | 우리말 | 두번 단어 쓰기 | |
|---|---|---|---|---|
| 01 첫 번째의 + 추수감사절 | first | 첫 번째 추수감사절 | first | |
| 02 모이다 + 함께 | | 함께 모이다 | | |
| 03 영국의 + 사람들 | | 영국 사람들 | | |
| 04 항해하다 + 배 | | 배를 타고 항해하다 | | on a |
| | | | | on a |
| 05 아주 적은, 거의 없는 + 음식 | | 아주 적은 음식 | | |
| 06 큰 + 축제 | | 큰 축제 | | |

주어진 단어를 배열해 문장을 완성하고
우리말로 바꿔 쓰세요

**01** is, a big holiday, Thanksgiving, in America

문장 ▸ | Thanksgiving | is | a big holiday | in America |

우리말 ▸ 추수감사절은 미국에서 큰 휴일이다 .

**02** was also, the first Thanksgiving, a big festival

문장 ▸ | | | | in 1621 | .

우리말 ▸ .

**03** was, the *Mayflower*, the name of their ship

문장 ▸ | | | |

우리말 ▸

**04** there were, many English people

문장 ▸ | So | , | | | in America | .

우리말 ▸ .

**05** but, the winter, was very cold and snowy

문장 ▸ | | , | | in America | | .

우리말 ▸ .

**06** little food, there was, many people, and, died

문장 ▸ | | | | | | .

우리말 ▸ .

**07** there was, a lot of food, so

문장 ▸ | | , in the fall of 1621 | , | | .

우리말 ▸ .

**08** were very thankful, the English people

문장 ▸ | | | .

우리말 ▸ .

**1** 추수감사절은 미국에서 큰 휴일이다. (Thanksgiving, holiday)

| Thanksgiving | is | a big holiday | in America | . |

**2** 1621년에 첫 번째 추수감사절은 또한 큰 축제였다. (first, also)

| | | | | . |

**3** 그들의 배의 이름은 '메이플라워'였다. (name, ship, the *Mayflower*)

| | | | . |

**4** 그래서, 미국에 많은 영국 사람들이 있었다. (English, people)

| | , | | | . |

**5** 그러나, 미국의 겨울은 아주 춥고 눈이 내렸다. (winter, cold, snowy)

| | , | | | . |

**6** 아주 적은 음식이 있었고 그리고 많은 사람들이 죽었다. (little, food, died)

| | | | | | . |

**7** 그래서, 1621년 가을에는, 많은 음식이 있었다. (in the fall of 1621, a lot of)

| | , | , | | . |

**8** 영국 사람들은 매우 감사했다. (thankful)

| | | . |

주어진 우리말에 해당하는 단어를 쓰세요

| 우리말 | 단어 쓰기 | 우리말 | 단어 | 쓰기 |
|---|---|---|---|---|
| **01** 유명한 + 발명가 | famous | 유명한 발명가 | famous | |
| **02** 추측하다 + 발명품 | | 발명품을 추측하다 | the | the |
| **03** 발명하다 + 전화기 | | 전화기를 발명하다 | the | the |
| **04** 만들다 + 비행기 | | 비행기를 만들다 | the | the |
| **05** ~덕분에 + 전구 | | 전구 덕분에 | the | the |
| **06** 보다 + 밤에 | | 밤에 보다 | | |

주어진 단어를 배열해 문장을 완성하고
우리말로 바꿔 쓰세요

**01** was,
Thomas Edison,
a famous inventor

문장 ▶ Thomas Edison | was | a famous inventor .

우리말 ▶ 토마스 에디슨은 유명한 발명가였다 .

**02** made, he,
more than 1,000
inventions

문장 ▶ | | .

우리말 ▶ .

**03** what they are,
let's guess

문장 ▶ | .

우리말 ▶ .

**04** was the
telephone,
his invention

문장 ▶ | ?

우리말 ▶ ?

**05** the telephone,
no, was not his
invention

문장 ▶ | , | .

우리말 ▶ .

**06** his invention,
was the airplane

문장 ▶ | ?

우리말 ▶ ?

**07** the airplane,
no, was not his
invention

문장 ▶ | , | .

우리말 ▶ .

**08** can see, we,
at night

문장 ▶ Thanks to the light bulb , | | | .

우리말 ▶ .

**1** 토마스 에디슨은 유명한 발명가였다. (famous, inventor)

| Thomas Edison | was | a famous inventor | . |

**2** 그는 1,000개 이상의 발명품을 만들었다. (more than, inventions)

| | | | . |

**3** 그것들이 무엇인지 추측해보자. (guess, what they are)

| | | . |

**4** 전화기는 그의 발명품이었는가? (telephone)

| | | | ? |

**5** 아니다, 전화기는 그의 발명품이 아니었다.

| | , | | | . |

**6** 비행기는 그의 발명품이었는가? (airplane)

| | | | ? |

**7** 아니다, 비행기는 그의 발명품이 아니었다.

| | , | | | . |

**8** 전구 덕분에, 우리는 밤에 볼 수 있다. (light bulb, see, at night)

| | , | | | . |

주어진 우리말에 해당하는
단어를 쓰세요

| 우리말 | 단어 쓰기 | 우리말 | 단어 ✓ 쓰기 |
|---|---|---|---|
| **01** 심다 + 씨앗 | plant | 씨앗을 심다 | plant / a / a |
| **02** 순무 + 자라다 | | 순무가 자란다 | the ___ (e)s / the ___ (e)s |
| **03** 필요로 하다 + 음식 | | 약간의 음식을 필요로 하다 | ___ some ___ / ___ some ___ |
| **04** ~하고 싶다 + 먹다 | | 먹고 싶다 | |
| **05** ~하려고 애쓰다 + 잡아당기다 | | 잡아당기려고 애쓰다 | |
| **06** 마침내 + 나오다 | | 마침내 나오다 | |

주어진 단어를 배열해 문장을 완성하고
우리말로 바꿔 쓰세요.

**01** a seed, planted,
the old man,
in the ground

문장 ▶ | The old man | planted | a seed | in the ground | .

우리말 ▶ | 할아버지가 땅에 씨앗을 심었다 | .

**02** grew, the turnip,
bigger and bigger

문장 ▶ | | | | .

우리말 ▶ | | .

**03** some food,
needed,
the old man

문장 ▶ | | | | .

우리말 ▶ | | .

**04** the turnip, he,
wanted to eat

문장 ▶ | | | | .

우리말 ▶ | | .

**05** tried to pull, he,
the turnip

문장 ▶ | | | | .

우리말 ▶ | | .

**06** didn't move, but,
the turnip

문장 ▶ | | | | .

우리말 ▶ | | .

**07** the old woman,
called

문장 ▶ | The old man | | | .

우리말 ▶ | | .

**08** came out,
the turnip

문장 ▶ | Finally | , | | | .

우리말 ▶ | | .

**1** 할아버지가 땅에 씨앗을 심었다. (planted, a seed, the ground)

| The old man | planted | a seed | in the ground | .

**2** 순무는 점점 더 크게 자랐다. (turnip, grew, bigger)

| | | | .

**3** 할아버지는 약간의 음식을 필요로 했다. (needed)

| | | | .

**4** 그는 순무를 먹고 싶었다. (wanted to)

| | | | .

**5** 그는 순무를 잡아당기려고 애썼다. (tried to, pull)

| | | | .

**6** 하지만 순무는 움직이지 않았다. (didn't move)

| | | | .

**7** 할아버지는 할머니를 불렀다. (called)

| | | | .

**8** 마침내 순무가 나왔다. (finally, came out)

| | , | | .

주어진 우리말에 해당하는
단어를 쓰세요

| 우리말 | 단어 쓰기 | 우리말 | 단어 쓰기 |
|---|---|---|---|
| **01** 까마귀 + 앉다 | crow | 까마귀가 앉다 | a crow (e)s<br>a (e)s |
| **02** 조각 + 치즈 | | 치즈 한 조각 | a of<br>a of |
| **03** 배고픈 + 여우 | | 배고픈 여우 | |
| **04** 똑똑한 + 생각 | | 똑똑한 생각 | |
| **05** 열다 + 부리 | | 그의 부리를 열다 | his<br>his |
| **06** 받다 + 다시 | | 다시 (돌려) 받다 | |

주어진 단어를 배열해 문장을 완성하고
우리말로 바꿔 쓰세요

**01** sat, a crow, in a tree

문장 ▸ | A crow | sat | in a tree | .

우리말 ▸ | 까마귀가 나무에 앉았다 | .

**02** anything, in his beak, did he have

문장 ▸ | | | | ?

우리말 ▸ | | ?

**03** had, yes, he, in his beak, a big piece of cheese

문장 ▸ | | , | | | | .

우리말 ▸ | | .

**04** sat, a fox, under the tree

문장 ▸ | | | | .

우리말 ▸ | | .

**05** the cheese, did the fox want

문장 ▸ | | | ?

우리말 ▸ | | ?

**06** about the fox's idea, didn't know, the crow

문장 ▸ | | | | .

우리말 ▸ | | .

**07** his cheese, back, did the crow get

문장 ▸ | | | | ?

우리말 ▸ | | ?

**08** the crow, no, back, didn't get, his cheese

문장 ▸ | | , | | | | .

우리말 ▸ | | .

**1** 까마귀가 나무에 앉았다. (a crow, sat)

| A crow | sat | in a tree | . |

**2** 그가 그의 부리 안에 무언가를 가지고 있었는가? (anything, beak)

| | | | ? |

**3** 그렇다, 그는 큰 치즈 한 조각을 그의 부리 안에 가지고 있었다. (a big piece of)

| | , | | | | . |

**4** 여우가 나무 아래에 앉았다. (a fox)

| | | | . |

**5** 그 여우가 치즈를 원했는가? (want)

| | | ? |

**6** 까마귀는 여우의 생각에 대해 알지 못했다. (know, idea)

| | | | . |

**7** 까마귀는 그의 치즈를 다시 받았는가? (get, back)

| | | | ? |

**8** 아니다, 까마귀는 그의 치즈를 다시 받지 못했다.

| | , | | | | . |

| 우리말 | 단어 쓰기 | 우리말 | 단어 ✔ 쓰기 두번 |
|---|---|---|---|
| 01 계절 + 변하다 | season | 계절은 변한다 | season (e)s / / (e)s / |
| 02 따뜻한 + 봄 | | 따뜻한 봄 | / / |
| 03 기르다 + 잎사귀들 | | 잎사귀들을 기르다 | / / |
| 04 화창한 + 여름 | | 화창한 여름 | / / |
| 05 시원한 + 가을 | | 시원한 가을 | / / |
| 06 눈이 오는 + 겨울 | | 눈이 오는 겨울 | / / |

주어진 단어를 배열해 문장을 완성하고
우리말로 바꿔 쓰세요.

**01** four seasons, a year, has

문장 ▶ | A year | has | four seasons | .

우리말 ▶ 일 년은 사계절을 가지고 있다 .

**02** weather, from season to season, changes

문장 ▶ | | | | .

우리말 ▶ | | .

**03** is warm, spring

문장 ▶ | | | .

우리말 ▶ | | .

**04** grow, and trees, new leaves

문장 ▶ | | | | .

우리말 ▶ | | .

**05** comes, summer

문장 ▶ | | | after spring | .

우리말 ▶ | | .

**06** have, trees, many green leaves

문장 ▶ | | | | in summer | .

우리말 ▶ | | .

**07** is cold and snowy, winter

문장 ▶ | | | .

우리말 ▶ | | .

**08** have no leaves, many trees

문장 ▶ | | | in winter | .

우리말 ▶ | | .

**1** 일 년은 사계절을 가지고 있다. (year, seasons)

| A year | has | four seasons | . |

**2** 날씨는 계절에 따라 변한다. (weather, changes)

| | | | . |

**3** 봄은 따뜻하다. (spring, warm)

| | | . |

**4** 그리고 나무들은 새로운 잎사귀들을 기른다. (grow, leaves)

| | | | . |

**5** 여름은 봄 뒤에 온다. (after)

| | | | . |

**6** 나무들은 여름에 많은 초록색 잎사귀들을 가진다. (green)

| | | | | . |

**7** 겨울은 춥고 눈이 온다. (cold, snowy)

| | | . |

**8** 많은 나무들은 겨울에 잎사귀들을 가지지 않는다. (no leaves)

| | | | . |

주어진 우리말에 해당하는
단어를 쓰세요.

| 우리말 | 단어 쓰기 | | 우리말 | 단어 ✓ 쓰기 | |
|---|---|---|---|---|---|
| 01 보이다 + 다른 | look | → | 다르게 보이다 | look | |
| 02 가게 + 도시 | | → | 도시 속의 가게들 | (e)s in a | (e)s in a |
| 03 보여주다 + 사냥하는 법 | | → | 사냥하는 법을 보여주다 | | |
| 04 가르치다 + 기르는 법 | | → | 기르는 법을 가르치다 | | |
| 05 요리하다 + 음식 | | → | 약간의 음식을 요리하다 | some | some |
| 06 가까운 + 친구 | | → | 가까운 친구들 | (e)s | (e)s |

주어진 단어를 배열해 문장을 완성하고
우리말로 바꿔 쓰세요

**01** many,
many years ago,
looked different,
America

문장 ▶ | Many, many years ago | , | America | looked different | .

우리말 ▶ 아주 오래 전, 아메리카 대륙은 다르게 보였다 .

**02** lived, American
Indians

문장 ▶ | | | there | .

우리말 ▶ | .

**03** were, they,
to live in America,
the first people

문장 ▶ | | | | | .

우리말 ▶ | .

**04** the people,
showed, they,
how to hunt

문장 ▶ | | | | | .

우리말 ▶ | .

**05** the people,
taught, they, how
to grow food

문장 ▶ | | | | | .

우리말 ▶ | .

**06** thanked the
American Indians,
people from
England

문장 ▶ | | | .

우리말 ▶ | .

**07** cooked, they,
some food,
for the American
Indians

문장 ▶ | | | | | .

우리말 ▶ | .

**08** gave, they,
presents, too, to
the American
Indians

문장 ▶ | | | | | , | | .

우리말 ▶ | .

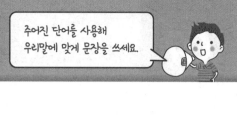
**1** 아주 오래 전, 아메리카 대륙은 다르게 보였다. (looked, different)

| Many, many years ago | , | America | looked different | . |

**2** 아메리카 인디언들은 그곳에 살았다. (American Indians)

**3** 그들은 아메리카 대륙에 살았던 첫 번째 사람들이었다. (the first people, to live)

**4** 그들은 그 사람들에게 사냥하는 법을 보여주었다. (showed, how to hunt)

**5** 그들은 그 사람들에게 음식을 기르는 법을 가르쳤다. (taught, grow)

**6** 영국에서 온 사람들은 아메리카 인디언들에게 감사했다. (England, thanked)

**7** 그들은 아메리카 인디언들에게 약간의 음식을 요리해 주었다. (cooked)

**8** 그들은 또한 아메리카 인디언들에게 선물들을 주었다. (gave, presents)

주어진 우리말에 해당하는
단어를 쓰세요

| 우리말 | 단어 쓰기 | | 우리말 | 단어 쓰기 ✓두번 | |
|---|---|---|---|---|---|
| **01** 중요한 + 생존 | important | → | 생존에 중요한 | important / | for / |
| **02** 주다 + 에너지 | | → | 에너지를 주다 | | |
| **03** 맛있는 + 음식 | | → | 맛있는 음식 | | |
| **04** 심하게 + 아픈 | | → | 심하게 아픈 | | |
| **05** 피라미드 + 돕다 | | → | 식품 피라미드는 돕는다 | the food ____ (e)s | |
| | | | | the food ____ (e)s | |
| **06** 강한 + 몸 | | → | 강한 몸 | | |

**01** is important, food, for our survival

문장 ▸ | Food | is important | for our survival | .

우리말 ▸ 음식은 우리의 생존을 위해서 중요하다 .

**02** us, energy, gives, food

문장 ▸

우리말 ▸

**03** us, helps, move, the energy

문장 ▸

우리말 ▸

**04** us, delicious food, keeps, happy

문장 ▸

우리말 ▸

**05** makes, bad food, unhappy, us

문장 ▸

우리말 ▸

**06** us, unhealthy food, makes, badly sick

문장 ▸

우리말 ▸

**07** helps, eat healthy food, the food pyramid, us

문장 ▸

우리말 ▸

**08** us, lets, it, have strong bodies

문장 ▸

우리말 ▸

**1** 음식은 우리의 생존에 중요하다. (important, survival)

| Food | is important | for our survival | . |

**2** 음식은 우리에게 에너지를 준다. (gives, energy)

| | | | | . |

**3** 그 에너지는 우리가 움직이도록 돕는다. (helps, move)

| | | | | . |

**4** 맛있는 음식은 우리를 행복하게 유지시킨다. (delicious, keeps)

| | | | | . |

**5** 나쁜 음식은 우리를 불행하게 만든다. (unhappy)

| | | | | . |

**6** 건강하지 못한 음식은 우리를 심하게 아프게 만든다. (badly)

| | | | | . |

**7** 식품 피라미드는 우리가 건강한 음식을 먹도록 돕는다. (the food pyramid, helps)

| | | | | . |

**8** 그것은 우리가 강한 몸을 가지도록 해준다. (lets, strong, bodies)

| | | | | . |

| 우리말 | 단어 쓰기 | 우리말 | 단어 두번 쓰기 |
|---|---|---|---|
| **01** 여행하다 + 우주 | travel | 우주로 여행하다 | travel \_\_\_\_ into \_\_\_\_ / \_\_\_\_ into \_\_\_\_ |
| **02** 첫, 첫 번째의 + 우주인 | | 첫 우주인 | the \_\_\_\_ \_\_\_\_ / the \_\_\_\_ \_\_\_\_ |
| **03** 우주선 + 이륙하다 | | 우주선이 이륙했다 | the \_\_\_\_ \_\_\_\_(e)d \_\_\_\_ / the \_\_\_\_ \_\_\_\_(e)d \_\_\_\_ |
| **04** 달 + 지구 | | 달과 지구 | the \_\_\_\_ and \_\_\_\_ / the \_\_\_\_ and \_\_\_\_ |
| **05** 발사하다 + 매년 | | 매년 우주선들을 발사하다 | \_\_\_\_ spaceships \_\_\_\_ / \_\_\_\_ spaceships \_\_\_\_ |
| **06** ~로 남아있다 + 새로운 | | 새롭게 남아 있다 | \_\_\_\_ \_\_\_\_ / \_\_\_\_ \_\_\_\_ |

주어진 단어를 배열해 문장을 완성하고
우리말로 바꿔 쓰세요

**01** travel, we, sometimes, to a 'new' place

문장 ▶ | Sometimes | , | we | travel | to a 'new' place | .

우리말 ▶ | 때때로, 우리는 '새로운' 장소로 여행한다 | .

**02** there is always, and, this 'first' time

문장 ▶ | | | | .

우리말 ▶ | | .

**03** he, an astronaut, became

문장 ▶ | | | | in 1960 | .

우리말 ▶ | | .

**04** lifted off, his spaceship

문장 ▶ | In 1961 | , | | .

우리말 ▶ | | .

**05** went, Neil Armstrong, to the moon

문장 ▶ | In 1969 | , | | | | .

우리말 ▶ | | .

**06** to us, was 'new', space

문장 ▶ | 50 years ago | , | | | | .

우리말 ▶ | | .

**07** spaceships, we, but, launch

문장 ▶ | | , | now | , | | | almost every year | !

우리말 ▶ | | !

**08** do not always stay new, so, 'new' places

문장 ▶ | | , | | .

우리말 ▶ | | .

**1** 때때로, 우리는 '새로운' 장소로 여행한다. (travel, a 'new' place)

| Sometimes | we | travel | to a 'new' place |
|---|---|---|---|

,

.

**2** 그리고 이런 '첫 번째' 때는 항상 있다. (always, this 'first' time)

.

**3** 그는 1960년에 우주인이 되었다. (an astronaut)

.

**4** 1961년에, 그의 우주선은 이륙했다. (his spaceship, lifted off)

,

.

**5** 1969년에, 닐 암스트롱은 달에 갔다. (Neil Armstrong, the moon)

,

.

**6** 50년 전에, 우주는 우리에게 '새로웠다'. (50 years ago)

,

.

**7** 그러나, 지금, 우리는 거의 매년 우주선들을 발사한다! (launch, almost every year)

,

,

!

**8** 그러니, '새로운' 장소들은 항상 새롭게 남아 있는 것은 아니다. (stay)

,

.

주어진 우리말에 해당하는
단어를 쓰세요

| 우리말 | 단어 쓰기 | 우리말 | 단어 ✔ 쓰기 두번 |
|---|---|---|---|
| 01 개미 + 비둘기 | ant | 개미와 비둘기 | an ant and a / an and a |
| 02 ~옆에, ~가에 + 연못 | | 연못가에 | a / a |
| 03 빠지다, 떨어지다 + ~안으로 | | 연못 안으로 빠지다 | the pond / the pond |
| 04 기어오르다 + 잎 | | 잎 위로 기어오르다 | onto the / onto the |
| 05 1분, 잠시 + ~전에 | | 잠시 전에 | |
| 06 돕다 + 다른 | | 다른 사람들을 돕다 | people / people |

주어진 단어를 배열해 문장을 완성하고
우리말로 바꿔 쓰세요.

**01** were in a forest, an ant and a dove

문장 ▸ An ant and a dove | were in a forest .

우리말 ▸ 개미와 비둘기가 숲 속에 있었다 .

**02** was walking, the ant, by a pond

문장 ▸ One day , | | | .

우리말 ▸ .

**03** to the pond, he, drank, and, some water

문장 ▸ | went | | | | .

우리말 ▸ .

**04** he, into the pond, but, fell

문장 ▸ | | | | .

우리말 ▸ .

**05** was sitting, the dove, in a tree

문장 ▸ | | | then .

우리말 ▸ .

**06** am throwing, you, I, a leaf

문장 ▸ | | | | !

우리말 ▸ !

**07** onto the leaf, the ant, climbed

문장 ▸ | | | .

우리말 ▸ .

**08** became, they, good friends

문장 ▸ Later , | | | .

우리말 ▸ .

**1** 개미와 비둘기가 숲 속에 있었다. (a forest)

| An ant and a dove | were in a forest | . |

**2** 어느 날, 개미는 연못가를 걷고 있었다. (ant, by, pond)

| | , | | | . |

**3** 그는 연못으로 갔고 물을 좀 마셨다. (went, drank, some water)

| | | | | | | . |

**4** 그러나 그는 연못 안으로 빠졌다. (fell, into)

| | | | | . |

**5** 그때, 비둘기가 나무에 앉아 있었다. (dove, sitting)

| | | | | . |

**6** 나는 너에게 잎을 던지고 있어(던질게)! (throwing, a leaf)

| | | | | ! |

**7** 개미는 잎 위로 기어올랐다. (climbed, onto)

| | | | . |

**8** 이후에, 그들은 좋은 친구가 되었다. (later, good friends)

| | , | | | . |

| 우리말 | 단어 쓰기 | 우리말 | 단어 쓰기 두번✓ |
|---|---|---|---|
| 01 파다 + 구멍 | dig | 구멍을 파다 | dig (e)s / (e)s |
| 02 덮다 + 흙 | | 흙으로 덮다 | with / with |
| 03 씨앗 + 자라다 | | 씨앗들이 자란다 | (e)s / (e)s |
| 04 물주다 + 매일 | | 매일 씨앗들에게 물주다 | seeds / seeds |
| 05 만들다 + 행복한 | | 그들을 행복하게 만들다 | them / them |
| 06 꽃 + 열매, 과일 | | 꽃들은 열매를 만든다 | (e)s make / (e)s make |

주어진 단어를 배열해 문장을 완성하고
우리말로 바꿔 쓰세요

**01** hard, worked,
a farmer, for us

문장 ▶ | A farmer | worked | hard | for us | .

우리말 ▶ 농부는 우리를 위해 열심히 일했다 .

**02** covered, us, with
soil, she

문장 ▶ Then , | | | | .

우리말 ▶ .

**03** us, she,
and, watered

문장 ▶ | | | | every day .

우리말 ▶ .

**04** are going to
grow up, we

문장 ▶ | | .

우리말 ▶ .

**05** we, bean plants,
are going to be

문장 ▶ | | | .

우리말 ▶ .

**06** will grow,
stems and leaves

문장 ▶ | | .

우리말 ▶ .

**07** fruit, make,
these flowers

문장 ▶ | | | .

우리말 ▶ .

**08** will become,
new plants,
the seeds

문장 ▶ Later , | | | .

우리말 ▶ .

**1** 농부는 우리를 위해 열심히 일했다. (worked, hard)

| A farmer | worked | hard | for us |

**2** 그 다음, 그녀는 우리를 흙으로 덮었다. (covered, soil)

| | , | | | | .

**3** 그리고 그녀는 우리에게 매일 물을 주었다. (watered, every day)

| | | | | | .

**4** 우리는 자랄 것이다. (are going to, grow, up)

| | | .

**5** 우리는 콩 식물들이 될 것이다. (are going to, bean plants)

| | | | .

**6** 줄기들과 잎들이 자랄 것이다. (stems, will)

| | | .

**7** 이 꽃들은 열매를 만든다. (these flowers, fruit)

| | | | .

**8** 이후에, 씨앗들은 새로운 식물들이 될 것이다. (will, become)

| | , | | | .

**Review Test**
표로 정리하는 **어휘**

주어진 우리말에 해당하는
단어를 쓰세요

| 우리말 | 단어 쓰기 | 우리말 | 단어 ✓ 쓰기 (두번) |
|---|---|---|---|
| **01** 종류 + 색깔 | kind ✏️ | 두 종류의 색깔들 | two **kind** (e)s of (e)s |
| | | | two (e)s of (e)s |
| **02** 따뜻한 + 시원한 | | 따뜻하거나 시원한 | or |
| | | | or |
| **03** 떠올리다 + 태양 | | 따뜻한 태양을 떠올리다 | the warm |
| | | | the warm |
| **04** 섞다 + 물감 | | 물감을 섞다 | |
| | | | |
| **05** 보라색 + 포도 | | 보라색 포도 | |
| | | | |
| **06** 느끼다 + 온기, 따뜻함 | | 온기를 느끼다 | |
| | | | |

**01** two kinds of colors, there are

문장 ▶ | There are | two kinds of colors | .

우리말 ▶ 두 종류의 색깔들이 있다 .

---

**02** the warm sun, let's think of

문장 ▶ | | | .

우리말 ▶ | | .

---

**03** do you think of, what color

문장 ▶ | | | ?

우리말 ▶ | | ?

---

**04** the red sun, us, makes, warm

문장 ▶ | | | | | .

우리말 ▶ | | .

---

**05** the cool ocean, let's think of

문장 ▶ | | | .

우리말 ▶ | | .

---

**06** makes, cool, the blue ocean, us

문장 ▶ | | | | | .

우리말 ▶ | | .

---

**07** red paint and blue paint, let's mix

문장 ▶ | | | .

우리말 ▶ | | .

---

**08** makes, us, red, feel warmth

문장 ▶ | So | , | | | | .

우리말 ▶ | | .

**1** 두 종류의 색깔들이 있다. (there, kinds, colors)

| There are | two kinds of colors | . |

**2** 따뜻한 태양을 떠올려보자. (warm, sun)

| | | . |

**3** 너는 무슨 색을 떠올리는가? (think of)

| | | ? |

**4** 빨간 태양은 우리를 따뜻하게 만든다. (makes)

| | | | | . |

**5** 시원한 바다를 떠올려보자. (cool, ocean)

| | | . |

**6** 파란 바다는 우리를 시원하게 만든다.

| | | | | . |

**7** 빨간 물감과 파란 물감을 섞어보자. (mix, paint)

| | | . |

**8** 그래서, 빨간색은 우리가 온기를 느끼게 만든다. (warmth)

| | , | | | | . |

| 우리말 | 단어 쓰기 | 우리말 | 단어 ✓쓰기 | |
|---|---|---|---|---|
| **01** 낳다, 놓다 + 알 | lay / | 알을 낳다 | lay | (e)s |
| | | | | (e)s |
| **02** 부화하다 + ~에서부터 | | 알에서부터 부화하다 | | eggs |
| | | | | eggs |
| **03** 천천히 + 사라지다 | | 천천히 사라지다 | | |
| | | | | |
| **04** 뒤쪽의 + 다리 | | 뒷다리들 | | (e)s |
| | | | | (e)s |
| **05** 뛰어오르다 + 높이 | | 높이 뛰어오르다 | | |
| | | | | |
| **06** 잡다 + 벌레, 곤충 | | 벌레들을 잡다 | | (e)s |
| | | | | (e)s |

**01** lay, in water, most frogs, eggs

문장 ▸ | Most frogs | lay | eggs | in water | .

우리말 ▸ 대부분의 개구리들은 물속에서 알들을 낳는다.

**02** hatch, tadpoles, from the eggs

문장 ▸ | | | | .

우리말 ▸ .

**03** really long tails, tadpoles, have

문장 ▸ | | | | .

우리말 ▸ .

**04** the tails, disappear

문장 ▸ | Later , | | slowly | | .

우리말 ▸ .

**05** become, they, frogs

문장 ▸ | Finally , | | | | !

우리말 ▸ !

**06** long back legs, frogs, have

문장 ▸ | | | | .

우리말 ▸ .

**07** very high, they, leap

문장 ▸ | | | | !

우리말 ▸ !

**08** catch, really fast, they, insects

문장 ▸ | | | | | !

우리말 ▸ !

**1** 대부분의 개구리들은 물속에서 알들을 낳는다. (lay, eggs)

| Most frogs | lay | eggs | in water |
|---|---|---|---|

.

**2** 올챙이들은 알에서부터 부화한다. (tadpoles, hatch, eggs)

.

**3** 올챙이들은 매우 긴 꼬리를 갖고 있다. (long, tails)

.

**4** 이후에, 꼬리는 천천히 사라진다. (later, disappear)

| | , | slowly | |
|---|---|---|---|

.

**5** 마침내, 그들은 개구리들이 된다! (finally, become, frogs)

| | , | | |
|---|---|---|---|

.

**6** 개구리들은 긴 뒷다리를 갖고 있다. (back, legs)

.

**7** 그들은 매우 높이 뛰어오른다! (leap, high)

!

**8** 그들은 벌레들을 매우 빠르게 잡는다! (catch, insects)

!

주어진 우리말에 해당하는
단어를 쓰세요

| 우리말 | 단어 쓰기 | 우리말 | 단어 쓰기 두번 |
|---|---|---|---|

**01**

~을 두려워하다
+
상어

be afraid of

상어를
두려워하다

be · afraid · of · (e)s

(e)s

**02**

모양
+
크기

모양과 크기

(e)s · and · (e)s

(e)s · and · (e)s

**03**

더 큰
+
가장 큰

가장 큰 물고기

the · fish

the · fish

**04**

더 작은
+
가장 작은

가장 작은 상어

the · shark

the · shark

**05**

하얀
+
배

하얀 배

**06**

날카로운
+
이빨들

날카로운 이빨들

주어진 단어를 배열해 문장을 완성하고
우리말로 바꿔 쓰세요.

**01** the king of the sea, the shark, is

문장 ▶ | **The shark** | **is** | **the king of the sea** | .

우리말 ▶ 상어는 바다의 왕이다 .

**02** is the biggest fish, the whale shark

문장 ▶ | | | **in the ocean** | .

우리말 ▶ | .

**03** than a bus, is bigger, it

문장 ▶ | | | | !

우리말 ▶ | !

**04** the dwarf shark, is the smallest shark

문장 ▶ | | | .

우리말 ▶ | .

**05** is smaller, it, than your hand

문장 ▶ | | | | !

우리말 ▶ | !

**06** a white belly, has, the great white shark

문장 ▶ | | | | .

우리말 ▶ | .

**07** well, hunts, it, fish

문장 ▶ | | | | **with its sharp teeth** | .

우리말 ▶ | .

**08** faster, than you, they, swim

문장 ▶ | | | | | !

우리말 ▶ | !

**1** 상어는 바다의 왕이다. (the king, the sea)

| The shark | is | the king of the sea | . |

**2** 고래 상어는 바다에서 가장 큰 물고기다. (the whale shark, biggest, fish)

|  |  |  | . |

**3** 그것은 버스보다 더 크다! (bigger, bus)

|  |  |  | ! |

**4** 난쟁이 상어는 가장 작은 상어다. (the dwarf shark, smallest)

|  |  |  | . |

**5** 그것은 너의 손보다 더 작다! (smaller, hand)

|  |  |  | ! |

**6** 백상아리는 하얀 배를 갖고 있다. (the great white shark, a white belly)

|  |  |  | . |

**7** 그것은 그것의 날카로운 이빨들로 물고기를 잘 사냥한다. (hunt, sharp, teeth)

|  |  |  |  |  | . |

**8** 그들은 너보다 더 빠르게 헤엄친다. (swim, faster)

|  |  |  |  | ! |

주어진 우리말에 해당하는
단어를 쓰세요

| 우리말 | 단어 쓰기 | 우리말 | 두번 단어 ✓ 쓰기 | |
|---|---|---|---|---|
| **01** 인간 + 걷다 | human | 인간들은 걷는다 | human (e)s<br>(e)s | |
| **02** 먹이다 + 아기 | | 아기를 먹이다 | | a<br>a |
| **03** 사용하다 + 비행을 위해 | | 비행을 위해 사용하다 | | |
| **04** ~할 수 없다 + 날다 | | 날 수 없다 | | |
| **05** 수영하다 + 대신에 | | 그들은 대신에 수영한다 | they<br>they | |
| **06** 약한 + 날개 | | 약한 날개들 | | (e)s<br>(e)s |

주어진 단어를 배열해 문장을 완성하고
우리말로 바꿔 쓰세요

**01** at first,
cannot walk,
human babies

문장 ▸ | Human babies | cannot walk | at first |

우리말 ▸ 인간의 아기들은 처음에는 걸을 수 없다 .

**02** feed, parent
birds,
the baby birds

문장 ▸

우리말 ▸ .

**03** may fly,
the baby birds

문장 ▸ | | | someday |

우리말 ▸ .

**04** for flying,
can't use,
their wings,
some birds

문장 ▸ But

우리말 ▸ .

**05** short wings,
have, penguins

문장 ▸

우리말 ▸ .

**06** well, they,
can swim

문장 ▸ | | | | instead |

우리말 ▸ .

**07** weak wings,
ostriches, have

문장 ▸

우리말 ▸ .

**08** may run, they,
but, than you,
faster

문장 ▸ !

우리말 ▸ !

**1** 인간 아기들은 처음에는 걸을 수 없다. (human, walk)

| Human babies | cannot walk | at first | . |

**2** 부모 새들은 아기 새들을 먹인다. (parent, feed, baby)

|  |  |  | . |

**3** 아기 새들은 언젠가 날지도 모른다. (birds, may, fly)

|  |  |  | . |

**4** 하지만 몇몇 새들은 그들의 날개들을 비행을 위해 사용할 수 없다. (use, wings, flying)

|  |  |  |  |  | . |

**5** 펭귄들은 짧은 날개들을 가지고 있다. (penguins, short, wings)

|  |  |  | . |

**6** 대신에 그들은 잘 수영할 수 있다. (swim, well, instead)

|  |  |  |  | . |

**7** 타조들은 약한 날개들을 가지고 있다. (ostriches, weak, wings)

|  |  |  | . |

**8** 하지만 그들은 너보다 더 빠르게 달릴지도 모른다! (run, faster)

|  |  |  |  | ! |

주어진 우리말에 해당하는
단어를 쓰세요

| 우리말 | 단어 쓰기 | 우리말 | 단어 ✔ 쓰기 두번 |
|---|---|---|---|
| 01 공기 + 우주 | air ✎ | 우주 속의 공기 | air　in　　／　　in |
| 02 마시다 + 물 | | 물을 마시다 | |
| 03 씻다 + 옷 | | 옷을 세탁하다 | |
| 04 들이마시다 + 신선한 | | 신선한 공기를 들이마시다 | air　／　air |
| 05 보호하다, 절약하다 + 나무 | | 나무들을 보호하다 | (e)s　／　(e)s |
| 06 얻다 + ~으로부터 | | 나무들로부터 얻다 | trees　／　trees |

주어진 단어를 배열해 문장을 완성하고
우리말로 바꿔 쓰세요

**01** no water or air,
there is, in space

문장 ▸ | There is | no water or air | in space | .

우리말 ▸ 우주에는 물 또는 공기가 없다 .

**02** must drink, clean
water, everyone

문장 ▸ | | | | .

우리말 ▸ | | .

**03** we, food, can
cook, with water

문장 ▸ | | | | | .

우리말 ▸ | | .

**04** with water,
also wash, we,
clothes

문장 ▸ | | | | | .

우리말 ▸ | | .

**05** can't live, we

문장 ▸ | Without water | , | | | .

우리말 ▸ | | .

**06** has to breathe
in, everyone,
fresh air

문장 ▸ | | | | .

우리말 ▸ | | .

**07** we, from trees,
can get, fresh air

문장 ▸ | | | | | .

우리말 ▸ | | .

**08** trees, we,
have to save

문장 ▸ | | | | .

우리말 ▸ | | .

**1** 우주에는 물 또는 공기가 없다. (water, air, space)

| There is | no water or air | in space |
|---|---|---|

.

**2** 모든 사람들은 깨끗한 물을 마셔야 한다. (must, drink, water)

| | | |
|---|---|---|

.

**3** 우리는 물을 가지고 음식을 요리할 수 있다. (can, cook, food)

| | | | |
|---|---|---|---|

.

**4** 우리는 또한 물을 가지고 옷을 세탁한다. (also, wash, clothes)

| | | | |
|---|---|---|---|

.

**5** 물 없이, 우리는 살 수 없다. (without, live)

| | , | |
|---|---|---|

.

**6** 모든 사람들은 신선한 공기를 들이마셔야 한다. (has to, fresh, air)

| | | |
|---|---|---|

.

**7** 우리는 나무들로부터 신선한 공기를 얻을 수 있다. (get, from)

| | | | |
|---|---|---|---|

.

**8** 우리는 나무들을 보호해야 한다. (save, trees)

| | | |
|---|---|---|

.

주어진 우리말에 해당하는
단어를 쓰세요

| 우리말 | 단어 쓰기 | 우리말 | 단어 쓰기 (두번) | |
|---|---|---|---|---|
| 01 음악적인 + 도구 | musical | 악기 | musical | |
| 02 보이다 + 비슷하게 | | 비슷하게 보이다 | | |
| 03 타악기 + 집단 | | 타악기 집단 | | |
| 04 관악기 + 관현악단 | | 관현악단의 관악기 집단 | family in an | |
| | | | family in an | |
| 05 듣다 + 소리 | | 그 소리들을 듣다 | to the | (e)s |
| | | | to the | (e)s |
| 06 즐기다 + 연주하다 | | 악기들을 연주하는 것을 즐기다 | ing | musical instruments |
| | | | ing | musical instruments |

주어진 단어를 배열해 문장을 완성하고
우리말로 바꿔 쓰세요.

**01** playing musical instruments, do you like

문장 ▶ Do you like | playing musical instruments | ?

우리말 ▶ 악기들을 연주하는 것을 좋아하는가? ?

**02** look alike, some instruments

문장 ▶ [　　　] [　　　] .

우리말 ▶ [　　　] .

**03** in the same family, they, are

문장 ▶ [　] [　] [　] .

우리말 ▶ [　　　] .

**04** hitting drums, do you like

문장 ▶ [　　　] [　　　] ?

우리말 ▶ [　　　] ?

**05** meet, then, the percussion family

문장 ▶ [　　] , [　] [　　] .

우리말 ▶ [　　　] .

**06** find, in an orchestra, the wind family, then

문장 ▶ [　] , [　] [　] [　] .

우리말 ▶ [　　　] .

**07** and enjoy, other instruments, listening, to their sounds

문장 ▶ Find [　] [　] [　] [　] .

우리말 ▶ [　　　] .

**08** you, playing them, can enjoy

문장 ▶ Someday [　] [　] [　] , too !

우리말 ▶ [　　　] !

**1** 악기들을 연주하는 것을 좋아하는가? (playing, musical, instruments)

| Do you like | playing musical instruments | ? |

**2** 몇몇 악기들은 비슷하게 보인다. (look, alike)

| | | . |

**3** 그들은 같은 집단에 있다. (in, same)

| | | | . |

**4** 북들을 치는 것을 좋아하는가? (hitting, drums)

| | | ? |

**5** 그렇다면, 타악기 집단을 만나라. (percussion, family)

| | , | | . |

**6** 그렇다면, 관현악단에서 관악기 집단을 찾아라. (find, wind, an orchestra)

| | , | | | . |

**7** 다른 악기들을 찾고 그들의 소리들을 듣는 것을 즐겨라. (find, listening, sounds)

| | | | | | . |

**8** 언젠가 너는 또한 그것들을 연주하는 것을 즐길 수 있다! (someday, enjoy)

| | | | | , | | ! |

주어진 우리말에 해당하는
단어를 쓰세요

| 우리말 | 단어 쓰기 | 우리말 | 단어 | 쓰기 |
|---|---|---|---|---|
| 01 보이다 + 이상한 | seem / | 이상하게 보이다 | seem | |
| 02 보라색 + 구름 | | 보라색 구름 | | |
| 03 돌다 + 팽이 | | 팽이처럼 돌다 | | like a \| like a |
| 04 불다 + 빠르게 | | 매우 빠르게 불다 | very \| very | |
| 05 심한 + 비 | | 폭우 | | |
| 06 가다 + 멀리 | | 멀리 가다 | | |

**01** strange, the sky, seems

문장 ▶ | The sky | seems | strange | .

우리말 ▶ 하늘은 이상하게 보인다 .

**02** to know, I, about this big, purple cloud, want

문장 ▶ | | | | | .

우리말 ▶ .

**03** like a top, begins, the cloud, to spin

문장 ▶ | | | | | .

우리말 ▶ .

**04** very fast, the wind, to blow, begins

문장 ▶ | | | | | .

우리말 ▶ .

**05** heavy rains, has, it

문장 ▶ | | | | .

우리말 ▶ .

**06** can be very dangerous, they

문장 ▶ | | both | | .

우리말 ▶ .

**07** to come, look, the tornado, begins

문장 ▶ | ! | | | here | !

우리말 ▶ !

**08** to go, want, I, away

문장 ▶ | | | | ! |

우리말 ▶ !

**1** 하늘은 이상하게 보인다. (seems, strange)

| The sky | seems | strange |
|---------|-------|---------|

.

**2** 나는 이 크고, 보라색인 구름에 대해 알기를 원한다. (to know, purple, cloud)

| | | | |
|--|--|--|--|

.

**3** 구름은 팽이처럼 돌기 시작한다. (begins, to spin, top)

| | | | |
|--|--|--|--|

.

**4** 바람은 매우 빠르게 불기 시작한다. (to blow, very, fast)

| | | | |
|--|--|--|--|

.

**5** 그것은 폭우를 가진다. (heavy, rains)

| | | |
|--|--|--|

.

**6** 그들은 둘 다 매우 위험할 수 있다. (both, dangerous)

| | | |
|--|--|--|

.

**7** 봐라! 토네이도는 여기로 오기 시작한다! (the tornado, to come)

| ! | | | | |
|---|--|--|--|--|

!

**8** 나는 멀리 가기를 원한다! (to go, away)

| | | | |
|--|--|--|--|

!

**Review Test**
표로 정리하는 **어휘**

주어진 우리말에 해당하는
단어를 쓰세요

| 우리말 | 단어 쓰기 | 우리말 | 단어 두번 쓰기 | |
|---|---|---|---|---|
| 01 식물 + ~주변에 | plant | 우리 주변의 식물들 | plant (e)s | us |
| | | | (e)s | us |
| 02 다른 + 모양 | | 다른 모양들 | | (e)s |
| | | | | (e)s |
| 03 (키가) 큰 + (키가) 작은 | | (키가) 크거나 또는 작은 | or | |
| | | | or | |
| 04 바늘 + 손가락 | | 바늘들과 손가락들 | (e)s and | (e)s |
| | | | (e)s and | (e)s |
| 05 얼어붙은 + 표면 | | 얼어붙은 표면 | | |
| | | | | |
| 06 밖으로 + 만나다 | | 밖으로 가고 만나다 | go and | |
| | | | go and | |

주어진 단어를 배열해 문장을 완성하고
우리말로 바꿔 쓰세요

**01** always around us, plants, are

문장 ▶ | Plants | are | always around us | .

우리말 ▶ 식물들은 언제나 우리 주변에 있다 .

**02** trees, flowers, and vegetables, all plants, are

문장 ▶ | | | | .

우리말 ▶ | .

**03** have, plants, different shapes and sizes

문장 ▶ | | | | .

우리말 ▶ | .

**04** can be tall or short, plants

문장 ▶ | | | .

우리말 ▶ | .

**05** are, like needles and fingers, some leaves

문장 ▶ | | | | .

우리말 ▶ | .

**06** live, plants, in different places

문장 ▶ | | | | .

우리말 ▶ | .

**07** they, on frozen surfaces, can even live

문장 ▶ | | | | !

우리말 ▶ | !

**08** outside, many different plants, go, and meet

문장 ▶ | | | | | !

우리말 ▶ | !

**1** 식물들은 언제나 우리 주변에 있다. (plants, around)

| Plants | are | always around us | . |

**2** 나무들, 꽃들, 그리고 채소들은 모두 식물들이다. (trees, flowers, vegetables)

| | | | . |

**3** 식물들은 다른 모양들과 크기들을 가지고 있다. (shapes, sizes)

| | | | . |

**4** 식물들은 (키가) 크거나 또는 작을 수 있다. (tall, short)

| | | . |

**5** 몇몇 잎들은 바늘들과 손가락들 같다. (like, needles, fingers)

| | | | . |

**6** 식물들은 다른 장소들에 산다. (live, different)

| | | | . |

**7** 그들은 심지어 얼어붙은 표면에서도 살 수 있다! (even, frozen, surfaces)

| | | | ! |

**8** 밖으로 가라 그리고 많은 다른 식물들을 만나라! (go, outside, meet)

| | | | | ! |

| 우리말 | 단어 쓰기 | 우리말 | 단어 쓰기 (두번) | |
|---|---|---|---|---|
| 01 번개 + 번쩍이다 | lightning | 번개가 번쩍인다 | lightning | (e)s |
| | | | | (e)s |
| 02 천둥 + 시끄러운 | | 천둥이 시끄러운 소리를 낸다 | makes a | noise |
| | | | makes a | noise |
| 03 되다 + 젖은 | | 젖게 되다 (젖다) | | |
| | | | | |
| 04 덮다 + 마을 | | 마을을 덮다 | the | |
| | | | the | |
| 05 되다 + 눈보라 | | 눈보라가 되다 | a | |
| | | | a | |
| 06 인도 + 얼다 | | 인도가 언다 | the | (e)s |
| | | | the | (e)s |

주어진 단어를 배열해 문장을 완성하고
우리말로 바꿔 쓰세요

**01** flash, lightning, flashes

문장 ▶ | Flash | ! | Lightning | | flashes | .

우리말 ▶ 번쩍! 번개가 번쩍인다 .

**02** boom, a loud sound, thunder, makes

문장 ▶ | | ! | | | | .

우리말 ▶ | | .

**03** if, for hours, it rains, it, can make

문장 ▶ | | | | ,
| | | a flood | .

우리말 ▶ | | .

**04** stay, I, to get wet, I, because, don't want

문장 ▶ | | | at home | ,
| | | | | .

우리말 ▶ | | .

**05** snow, look, the town, covered

문장 ▶ | | ! | | | | .

우리말 ▶ | | .

**06** it, a snowstorm, can become, if, it snows

문장 ▶ | | | for hours | ,
| | | | .

우리말 ▶ | | .

**07** the sidewalk, cold, it becomes, freezes

문장 ▶ | If | | | , | | .

우리말 ▶ | | .

**1** 번쩍! 번개가 번쩍인다. (lightning, flashes)

| Flash | ! | Lightning | flashes | . |

**2** 쾅! 천둥이 시끄러운 소리를 낸다. (thunder, loud, sound)

|  | ! |  |  |  | . |

**3** 만약 몇 시간 동안 비가 온다면, 이것은 홍수를 만들 수 있다. (if, for hours, make, flood)

|  |  |  | , |
|  |  |  | . |

**4** 나는 집에 머문다, 왜냐하면 나는 젖게 되는 것을 원하지 않기 때문이다. (stay, because, get, wet)

|  |  |  | , |
|  |  |  |  | . |

**5** 봐라! 눈이 마을을 덮었다. (covered, the town)

|  | ! |  |  |  | . |

**6** 만약 몇 시간 동안 눈이 온다면, 이것은 눈보라가 될 수 있다. (if, for hours, become, snowstorm)

|  |  |  | , |
|  |  |  | . |

**7** 만약 추워진다면, 인도는 언다. (sidewalk, freezes)

|  |  |  | , |  |  | . |

| 우리말 | 단어 쓰기 | | 우리말 | 단어 쓰기 두번✓ | | | |
|---|---|---|---|---|---|---|---|
| **01** ~안에 + 마을 | in | → | 마을 안에 | in | the | | |
| | | | | | the | | |
| **02** ~위에 + 지도 | | → | 지도 위에 | | the | | |
| | | | | | the | | |
| **03** ~옆에 + 교회 | | → | 교회 옆에 | | | the | |
| | | | | | | the | |
| **04** 가로질러, 건너 + 좁은 | | → | 좁은 강을 가로질러 | | the | | river |
| | | | | | the | | river |
| **05** ~를 향해 + 남쪽 | | → | 남쪽을 향해 | | the | | |
| | | | | | the | | |
| **06** 보다 + 학교 | | → | 학교를 보다 | | the | | |
| | | | | | the | | |

**01** in our town, shows, it, many places

문장 ▶ | It | shows | many places | in our town | .

우리말 ▶ 그것은 우리 마을 안의 많은 장소들을 보여준다 .

**02** on the map, to the little house, let's go

문장 ▶ | | | | .

우리말 ▶ | | .

**03** the house, where is

문장 ▶ | | ? |

우리말 ▶ | ? |

**04** is, next to the small church, the house

문장 ▶ | | | | .

우리말 ▶ | | .

**05** lives, a cute dog, at the house

문장 ▶ | | | | .

우리말 ▶ | | .

**06** across the narrow river, the bridge, is

문장 ▶ | | | | .

우리말 ▶ | | .

**07** the river, toward the south, runs

문장 ▶ | | | | .

우리말 ▶ | | .

**08** the school, can see, we

문장 ▶ | Now | , | | | | .

우리말 ▶ | | .

**1** 그것은 우리 마을 안의 많은 장소들을 보여준다. (places, in, our town)

| It | shows | many places | in our town |

**2** 지도 위의 작은 집으로 가자. (house, on, map)

**3** 그 집은 어디에 있는가? (where, house)

**4** 그 집은 작은 교회 옆에 있다. (the house, next to, church)

**5** 귀여운 개가 그 집에 산다. (cute, at, house)

**6** 그 다리는 좁은 강을 가로질러 있다. (bridge, across, river)

**7** 그 강은 남쪽을 향해 흐른다. (toward, south)

**8** 이제, 우리는 학교를 볼 수 있다. (can see)

초등 영어, 이제 구문으로 읽어요!

# 구문이 독해다

## Workbook
### 정답과 해설

## 2

# PART 01 be동사 과거형

## UNIT 01    The First Thanksgiving                    p.2

### 표로 정리하는 어휘

01 first / Thanksgiving
02 gather / together
03 English / people
04 sail / ship
05 little / food
06 big / festival

### 어휘로 정리하는 문장

01 Thanksgiving / is / a big holiday / in America
추수감사절은 미국에서 큰 휴일이다
02 The first Thanksgiving / was also / a big festival / in 1621
1621년에 첫 번째 추수감사절은 또한 큰 축제였다
03 The name of their ship / was / the *Mayflower*
그들의 배의 이름은 '메이플라워'였다
04 So / there were / many English people / in America
그래서, 미국에 많은 영국 사람들이 있었다
05 But / the winter / in America / was very cold and snowy
그러나, 미국의 겨울은 아주 춥고 눈이 내렸다
06 There was / little food / and / many people / died
아주 적은 음식이 있었고 그리고 많은 사람들이 죽었다
07 So / in the fall of 1621 / there was / a lot of food
그래서, 1621년 가을에는, 많은 음식이 있었다
08 The English people / were very thankful
영국 사람들은 매우 감사했다

### 본문 문장 다시 쓰기 연습

1 Thanksgiving / is / a big holiday / in America
2 The first Thanksgiving / was also / a big festival / in 1621
3 The name of their ship / was / the *Mayflower*
4 So / there were / many English people / in America
5 But / the winter / in America / was very cold and snowy
6 There was / little food / and / many people / died
7 So / in the fall of 1621 / there was / a lot of food
8 The English people / were very thankful

## UNIT 02    Edison's Inventions                    p.5

### 표로 정리하는 어휘

01 famous / inventor
02 guess / invention
03 invent / telephone
04 make / airplane
05 thanks to / light bulb
06 see / at night

### 어휘로 정리하는 문장

01 Thomas Edison / was / a famous inventor
토마스 에디슨은 유명한 발명가였다
02 He / made / more than 1,000 inventions
그는 1,000개 이상의 발명품을 만들었다
03 Let's guess / what they are
그것들이 무엇인지 추측해보자
04 Was the telephone / his invention
전화기는 그의 발명품이었는가
05 No / the telephone / was not his invention
아니다, 전화기는 그의 발명품이 아니었다
06 Was the airplane / his invention
비행기는 그의 발명품이었는가
07 No / the airplane / was not his invention
아니다, 비행기는 그의 발명품이 아니었다
08 Thanks to the light bulb / we / can see / at night
전구 덕분에, 우리는 밤에 볼 수 있다

### 본문 문장 다시 쓰기 연습

1 Thomas Edison / was / a famous inventor
2 He / made / more than 1,000 inventions
3 Let's guess / what they are
4 Was / the telephone / his invention
5 No / the telephone / was not / his invention
6 Was / the airplane / his invention
7 No / the airplane / was not / his invention
8 Thanks to the light bulb / we / can see / at night

# PART 02 일반동사 과거형

## UNIT 03    The Old Man and the Turnip                    p.8

### 표로 정리하는 어휘

01 plant / seed
02 turnip / grow
03 need / food
04 want to / eat
05 try to / pull
06 finally / come out

## 어휘로 정리하는 문장

01 The old man / planted / a seed / in the ground
할아버지가 땅에 씨앗을 심었다
02 The turnip / grew / bigger and bigger
순무는 점점 더 크게 자랐다
03 The old man / needed / some food
할아버지는 약간의 음식을 필요로 했다
04 He / wanted to eat / the turnip
그는 순무를 먹고 싶었다
05 He / tried to pull / the turnip
그는 순무를 잡아당기려고 애썼다
06 But / the turnip / didn't move
하지만 순무는 움직이지 않았다
07 The old man / called / the old woman
할아버지는 할머니를 불렀다
08 Finally / the turnip / came out
마침내 순무가 나왔다

## 본문 문장 다시 쓰기 연습

1 The old man / planted / a seed / in the ground
2 The turnip / grew / bigger and bigger
3 The old man / needed / some food
4 He / wanted to eat / the turnip
5 He / tried to pull / the turnip
6 But / the turnip / didn't move
7 The old man / called / the old woman
8 Finally / the turnip / came out

### UNIT 04    The Fox and the Crow    p.11

## 표로 정리하는 어휘

01 crow / sit
02 piece / cheese
03 hungry / fox
04 smart / idea
05 open / beak
06 get / back

## 어휘로 정리하는 문장

01 A crow / sat / in a tree
까마귀가 나무에 앉았다
02 Did he have / anything / in his beak
그가 그의 부리 안에 무언가를 가지고 있었는가
03 Yes / he / had / a big piece of cheese / in his beak
그렇다, 그는 큰 치즈 한 조각을 그의 부리 안에 가지고 있었다
04 A fox / sat / under the tree
여우가 나무 아래에 앉았다

05 Did the fox want / the cheese
그 여우가 치즈를 원했는가
06 The crow / didn't know / about the fox's idea
까마귀는 여우의 생각에 대해 알지 못했다
07 Did the crow get / his cheese / back
까마귀는 그의 치즈를 다시 받았는가
08 No / the crow / didn't get / his cheese / back
아니다, 까마귀는 그의 치즈를 다시 받지 못했다

## 본문 문장 다시 쓰기 연습

1 A crow / sat / in a tree
2 Did he have / anything / in his beak
3 Yes / he / had / a big piece of cheese / in his beak
4 A fox / sat / under the tree
5 Did the fox want / the cheese
6 The crow / didn't know / about the fox's idea
7 Did the crow get / his cheese / back
8 No / the crow / didn't get / his cheese / back

### PART 03  문장형식

### UNIT 05    Four Seasons    p.14

## 표로 정리하는 어휘

01 season / change
02 warm / spring
03 grow / leaves
04 sunny / summer
05 cool / fall
06 snowy / winter

## 어휘로 정리하는 문장

01 A year / has / four seasons
일 년은 사계절을 가지고 있다
02 Weather / changes / from season to season
날씨는 계절에 따라 변한다
03 Spring / is warm
봄은 따뜻하다
04 And trees / grow / new leaves
그리고 나무들은 새로운 잎사귀들을 기른다
05 Summer / comes / after spring
여름은 봄 뒤에 온다
06 Trees / have / many green leaves / in summer
나무들은 여름에 많은 초록색 잎사귀들을 가진다
07 Winter / is cold and snowy
겨울은 춥고 눈이 온다

08 Many trees / have no leaves / in winter
많은 나무들은 겨울에 잎사귀들을 가지지 않는다

## 본문 문장 다시 쓰기 연습

1 A year / has / four seasons
2 Weather / changes / from season to season
3 Spring / is warm
4 And trees / grow / new leaves
5 Summer / comes / after spring
6 Trees / have / many green leaves / in summer
7 Winter / is cold and snowy
8 Many trees / have no leaves / in winter

---

### UNIT 06  American Indians  p.17

### 표로 정리하는 어휘

01 look / different
02 store / city
03 show / how to hunt
04 teach / how to grow
05 cook / food
06 close / friend

### 어휘로 정리하는 문장

01 Many, many years ago / America / looked different
아주 오래 전, 아메리카 대륙은 다르게 보였다
02 American Indians / lived / there
아메리카 인디언들은 그곳에 살았다
03 They / were / the first people / to live in America
그들은 아메리카 대륙에 살았던 첫 번째 사람들이었다
04 They / showed / the people / how to hunt
그들은 그 사람들에게 사냥하는 법을 보여주었다
05 They / taught / the people / how to grow food
그들은 그 사람들에게 음식을 기르는 법을 가르쳤다
06 People from England / thanked the American Indians
영국에서 온 사람들은 아메리카 인디언들에게 감사했다
07 They / cooked / some food / for the American Indians
그들은 아메리카 인디언들에게 약간의 음식을 요리해 주었다
08 They / gave / presents / to the American Indians / too
그들은 또한 아메리카 인디언들에게 선물들을 주었다

### 본문 문장 다시 쓰기 연습

1 Many, many years ago / America / looked different
2 American Indians / lived / there
3 They / were / the first people / to live in America

---

4 They / showed / the people / how to hunt
5 They / taught / the people / how to grow food
6 People from England / thanked / the American Indians
7 They / cooked / some food / for the American Indians
8 They / gave / presents / to the American Indians / too

---

### UNIT 07  The Food Pyramid  p.20

### 표로 정리하는 어휘

01 important / survival
02 give / energy
03 delicious / food
04 badly / sick
05 pyramid / help
06 strong / body

### 어휘로 정리하는 문장

01 Food / is important / for our survival
음식은 우리의 생존에 중요하다
02 Food / gives / us / energy
음식은 우리에게 에너지를 준다
03 The energy / helps / us / move
그 에너지는 우리가 움직이도록 돕는다
04 Delicious food / keeps / us / happy
맛있는 음식은 우리를 행복하게 유지시킨다
05 Bad food / makes / us / unhappy
나쁜 음식은 우리를 불행하게 만든다
06 Unhealthy food / makes / us / badly sick
건강하지 못한 음식은 우리를 심하게 아프게 만든다
07 The food pyramid / helps / us / eat healthy food
식품 피라미드는 우리가 건강한 음식을 먹도록 돕는다
08 It / lets / us / have strong bodies
그것은 우리가 강한 몸을 가지도록 해준다

### 본문 문장 다시 쓰기 연습

1 Food / is important / for our survival
2 Food / gives / us / energy
3 The energy / helps / us / move
4 Delicious food / keeps / us / happy
5 Bad food / makes / us / unhappy
6 Unhealthy food / makes / us / badly sick
7 The food pyramid / helps / us / eat healthy food
8 It / lets / us / have strong bodies

---

### PART 04  시제

**Let's Travel into Space!** p.23

## 표로 정리하는 어휘

01 travel / space
02 first / astronaut
03 spaceship / lift off
04 moon / Earth
05 launch / every year
06 stay / new

## 어휘로 정리하는 문장

01 Sometimes / we / travel / to a 'new' place
때때로, 우리는 '새로운' 장소로 여행한다
02 And / there is always / this 'first' time
그리고 이런 '첫 번째' 때는 항상 있다
03 He / became / an astronaut / in 1960
그는 1960년에 우주인이 되었다
04 In 1961 / his spaceship / lifted off
1961년에, 그의 우주선은 이륙했다
05 In 1969 / Neil Armstrong / went / to the moon
1969년에, 닐 암스트롱은 달에 갔다
06 50 years ago / space / was 'new' / to us
50년 전에, 우주는 우리에게 '새로웠다'
07 But / now / we / launch / spaceships / almost every year
그러나, 지금, 우리는 거의 매년 우주선들을 발사한다
08 So / 'new' places / do not always stay new
그러니, '새로운' 장소들은 항상 새롭게 남아 있는 것은 아니다

## 본문 문장 다시 쓰기 연습

1 Sometimes / we / travel / to a 'new' place
2 And / there is always / this 'first' time
3 He / became / an astronaut / in 1960
4 In 1961 / his spaceship / lifted off
5 In 1969 / Neil Armstrong / went / to the moon
6 50 years ago / space / was 'new' / to us
7 But / now / we / launch / spaceships / almost every year
8 So / 'new' places / do not always stay new

**An Ant and a Dove** p.26

## 표로 정리하는 어휘

01 ant / dove
02 by / pond
03 fall / into
04 climb / leaf
05 a minute / ago
06 help / other

## 어휘로 정리하는 문장

01 An ant and a dove / were in a forest
개미와 비둘기가 숲 속에 있었다
02 One day / the ant / was walking / by a pond
어느 날, 개미는 연못가를 걷고 있었다
03 He / went / to the pond / and / drank / some water
그는 연못으로 갔고 물을 좀 마셨다
04 But / he / fell / into the pond
그러나 그는 연못 안으로 빠졌다
05 The dove / was sitting / in a tree / then
그때, 비둘기가 나무에 앉아 있었다
06 I / am throwing / you / a leaf
나는 너에게 잎을 던지고 있어(던질게)
07 The ant / climbed / onto the leaf
개미는 잎 위로 기어올랐다
08 Later / they / became / good friends
이후에, 그들은 좋은 친구가 되었다

## 본문 문장 다시 쓰기 연습

1 An ant and a dove / were in a forest
2 One day / the ant / was walking / by a pond
3 He / went / to the pond / and / drank / some water
4 But / he / fell / into the pond
5 The dove / was sitting / in a tree / then
6 I / am throwing / you / a leaf
7 The ant / climbed / onto the leaf
8 Later / they / became / good friends

**From a Seed to a New Plant** p.29

## 표로 정리하는 어휘

01 dig / hole
02 cover / soil
03 seed / grow up
04 water / every day
05 make / happy
06 flower / fruit

## 어휘로 정리하는 문장

01 A farmer / worked / hard / for us
농부는 우리를 위해 열심히 일했다
02 Then / she / covered / us / with soil
그 다음, 그녀는 우리를 흙으로 덮었다
03 And / she / watered / us / every day

그리고 그녀는 우리에게 매일 물을 주었다

**04** We / are going to grow up
우리는 자랄 것이다

**05** We / are going to be / bean plants
우리는 콩 식물들이 될 것이다

**06** Stems and leaves / will grow
줄기들과 잎들이 자랄 것이다

**07** These flowers / make / fruit
이 꽃들은 열매를 만든다

**08** Later / the seeds / will become / new plants
이후에, 씨앗들은 새로운 식물들이 될 것이다

### 본문 문장 다시 쓰기 연습

1 A farmer / worked / hard / for us
2 Then / she / covered / us / with soil
3 And / she / watered / us / every day
4 We / are going to grow up
5 We / are going to be / bean plants
6 Stems and leaves / will grow
7 These flowers / make / fruit
8 Later / the seeds / will become / new plants

## PART 05 비교급과 최상급

| UNIT 11 | Warm Colors & Cool Colors | p.32 |

### 표로 정리하는 어휘

01 kind / color
02 warm / cool
03 think of / sun
04 mix / paint
05 purple / grapes
06 feel / warmth

### 어휘로 정리하는 문장

01 There are / two kinds of colors
두 종류의 색깔들이 있다

02 Let's think of / the warm sun
따뜻한 태양을 떠올려보자

03 What color / do you think of
너는 무슨 색을 떠올리는가

04 The red sun / makes / us / warm
빨간 태양은 우리를 따뜻하게 만든다

05 Let's think of / the cool ocean
시원한 바다를 떠올려보자

06 The blue ocean / makes / us / cool

파란 바다는 우리를 시원하게 만든다

07 Let's mix / red paint and blue paint
빨간 물감과 파란 물감을 섞어보자

08 So / red / makes / us / feel warmth
그래서, 빨간색은 우리가 온기를 느끼게 만든다

### 본문 문장 다시 쓰기 연습

1 There are / two kinds of colors
2 Let's think of / the warm sun
3 What color / do you think of
4 The red sun / makes / us / warm
5 Let's think of / the cool ocean
6 The blue ocean / makes / us / cool
7 Let's mix / red paint and blue paint
8 So / red / makes / us / feel warmth

| UNIT 12 | From a Tadpole to a Frog | p.35 |

### 표로 정리하는 어휘

01 lay / egg
02 hatch / from
03 slowly / disappear
04 back / leg
05 leap / high
06 catch / insect

### 어휘로 정리하는 문장

01 Most frogs / lay / eggs / in water
대부분의 개구리들은 물속에서 알들을 낳는다

02 Tadpoles / hatch / from the eggs
올챙이들은 알에서부터 부화한다

03 Tadpoles / have / really long tails
올챙이들은 매우 긴 꼬리를 갖고 있다

04 Later / the tails / slowly / disappear
이후에, 꼬리는 천천히 사라진다

05 Finally / they / become / frogs
마침내, 그들은 개구리들이 된다

06 Frogs / have / long back legs
개구리들은 긴 뒷다리를 갖고 있다

07 They / leap / very high
그들은 매우 높이 뛰어오른다

08 They / catch / insects / really fast
그들은 벌레들을 매우 빠르게 잡는다

### 본문 문장 다시 쓰기 연습

1 Most frogs / lay / eggs / in water

2 Tadpoles / hatch / from the eggs

3 Tadpoles / have / really long tails

4 Later / the tails / slowly / disappear

5 Finally / they / become / frogs

6 Frogs / have / long back legs

7 They / leap / very high

8 They / catch / insects / really fast

### 표로 정리하는 어휘

01 be afraid of / shark

02 shape / size

03 bigger / biggest

04 smaller / smallest

05 white / belly

06 sharp / teeth

### 어휘로 정리하는 문장

01 The shark / is / the king of the sea
상어는 바다의 왕이다

02 The whale shark / is the biggest fish / in the ocean
고래 상어는 바다에서 가장 큰 물고기다

03 It / is bigger / than a bus
그것은 버스보다 더 크다

04 The dwarf shark / is the smallest shark
난쟁이 상어는 가장 작은 상어다

05 It / is smaller / than your hand
그것은 너의 손보다 더 작다

06 The great white shark / has / a white belly
백상아리는 하얀 배를 갖고 있다

07 It / hunts / fish / well / with its sharp teeth
그것은 그것의 날카로운 이빨들로 물고기를 잘 사냥한다

08 They / swim / faster / than you
그들은 너보다 더 빠르게 헤엄친다

### 본문 문장 다시 쓰기 연습

1 The shark / is / the king of the sea

2 The whale shark / is / the biggest fish / in the ocean

3 It / is bigger / than a bus

4 The dwarf shark / is / the smallest shark

5 It / is smaller / than your hand

6 The great white shark / has / a white belly

7 It / hunts / fish / well / with its sharp teeth

8 They / swim / faster / than you

## PART 06   조동사

### 표로 정리하는 어휘

01 human / walk

02 feed / baby

03 use / for flying

04 cannot / fly

05 swim / instead

06 weak / wing

### 어휘로 정리하는 문장

01 Human babies / cannot walk / at first
인간 아기들은 처음에는 걸을 수 없다

02 Parent birds / feed / the baby birds
부모 새들은 아기 새들을 먹인다

03 The baby birds / may fly / someday
아기 새들은 언젠가 날지도 모른다

04 But / some birds / can't use / their wings / for flying
하지만 몇몇 새들은 그들의 날개들을 비행을 위해 사용할 수 없다

05 Penguins / have / short wings
펭귄들은 짧은 날개들을 가지고 있다

06 They / can swim / well / instead
대신에 그들은 잘 수영할 수 있다

07 Ostriches / have / weak wings
타조들은 약한 날개들을 가지고 있다

08 But / they / may run / faster / than you
하지만 그들은 너보다 더 빠르게 달릴지도 모른다

### 본문 문장 다시 쓰기 연습

1 Human babies / cannot walk / at first

2 Parent birds / feed / the baby birds

3 The baby birds / may fly / someday

4 But / some birds / can't use / their wings / for flying

5 Penguins / have / short wings

6 They / can swim / well / instead

7 Ostriches / have / weak wings

8 But / they / may run / faster / than you

### 표로 정리하는 어휘

01 air / space

02 drink / water

03 wash / clothes
04 breathe in / fresh
05 save / tree
06 get / from

### 어휘로 정리하는 문장

01 There is / no water or air / in space
우주에는 물 또는 공기가 없다
02 Everyone / must drink / clean water
모든 사람들은 깨끗한 물을 마셔야 한다
03 We / can cook / food / with water
우리는 물을 가지고 음식을 요리할 수 있다
04 We / also wash / clothes / with water
우리는 또한 물을 가지고 옷을 세탁한다
05 Without water / we / can't live
물 없이, 우리는 살 수 없다
06 Everyone / has to breathe in / fresh air
모든 사람들은 신선한 공기를 들이마셔야 한다
07 We / can get / fresh air / from trees
우리는 나무들로부터 신선한 공기를 얻을 수 있다
08 We / have to save / trees
우리는 나무들을 보호해야 한다

### 본문 문장 다시 쓰기 연습

1 There is / no water or air / in space
2 Everyone / must drink / clean water
3 We / can cook / food / with water
4 We / also wash / clothes / with water
5 Without water / we / can't live
6 Everyone / has to breathe in / fresh air
7 We / can get / fresh air / from trees
8 We / have to save / trees

## PART 07 동명사와 to부정사

### UNIT16    Let's Play Musical Instruments!    p.47

#### 표로 정리하는 어휘

01 musical / instrument
02 look / alike
03 percussion / family
04 wind / orchestra
05 listen / sound
06 enjoy / play

### 어휘로 정리하는 문장

01 Do you like / playing musical instruments
악기들을 연주하는 것을 좋아하는가
02 Some instruments / look alike
몇몇 악기들은 비슷하게 보인다
03 They / are / in the same family
그들은 같은 집단에 있다
04 Do you like / hitting drums
북들을 치는 것을 좋아하는가
05 Then / meet / the percussion family
그렇다면, 타악기 집단을 만나라
06 Then / find / the wind family / in an orchestra
그렇다면, 관현악단에서 관악기 집단을 찾아라
07 Find / other instruments / and enjoy / listening / to their
sounds
다른 악기들을 찾고 그들의 소리들을 듣는 것을 즐겨라
08 Someday / you / can enjoy / playing them / too
언젠가 너는 또한 그것들을 연주하는 것을 즐길 수 있다

### 본문 문장 다시 쓰기 연습

1 Do you like / playing musical instruments
2 Some instruments / look alike
3 They / are / in the same family
4 Do you like / hitting drums
5 Then / meet / the percussion family
6 Then / find / the wind family / in an orchestra
7 Find / other instruments / and enjoy / listening / to their
sounds
8 Someday / you / can enjoy / playing them / too

### UNIT17    Tornado vs. Hurricane    p.50

#### 표로 정리하는 어휘

01 seem / strange
02 purple / cloud
03 spin / top
04 blow / fast
05 heavy / rain
06 go / away

### 어휘로 정리하는 문장

01 The sky / seems / strange
하늘은 이상하게 보인다
02 I / want / to know / about this big, purple cloud
나는 이 크고, 보라색인 구름에 대해 알기를 원한다
03 The cloud / begins / to spin / like a top
구름은 팽이처럼 돌기 시작한다

04 The wind / begins / to blow / very fast
바람은 매우 빠르게 불기 시작한다

05 It / has / heavy rains
그것은 폭우를 가진다

06 They / both / can be very dangerous
그들은 둘 다 매우 위험할 수 있다

07 Look // The tornado / begins / to come / here
봐라! 토네이도는 여기로 오기 시작한다

08 I / want / to go / away
나는 멀리 가기를 원한다

### 본문 문장 다시 쓰기 연습

1 The sky / seems / strange
2 I / want / to know / about this big, purple cloud
3 The cloud / begins / to spin / like a top
4 The wind / begins / to blow / very fast
5 It / has / heavy rains
6 They / both / can be very dangerous
7 Look // The tornado / begins / to come / here
8 I / want / to go / away

## PART 08 접속사와 전치사

| UNIT18 | Different Plants in the World | p.53 |

### 표로 정리하는 어휘

01 plant / around
02 different / shape
03 tall / short
04 needle / finger
05 frozen / surface
06 outside / meet

### 어휘로 정리하는 문장

01 Plants / are / always around us
식물들은 언제나 우리 주변에 있다

02 Trees, flowers, and vegetables / are / all plants
나무들, 꽃들, 그리고 채소들은 모두 식물들이다

03 Plants / have / different shapes and sizes
식물들은 다른 모양들과 크기들을 가지고 있다

04 Plants / can be tall or short
식물들은 (키가) 크거나 또는 작을 수 있다

05 Some leaves / are / like needles and fingers
몇몇 잎들은 바늘들과 손가락들 같다

06 Plants / live / in different places
식물들은 다른 장소들에 산다

07 They / can even live / on frozen surfaces
그들은 심지어 얼어붙은 표면에서도 살 수 있다

08 Go / outside / and meet / many different plants
밖으로 가라 그리고 많은 다른 식물들을 만나라

### 본문 문장 다시 쓰기 연습

1 Plants / are / always around us
2 Trees, flowers, and vegetables / are / all plants
3 Plants / have / different shapes and sizes
4 Plants / can be tall or short
5 Some leaves / are / like needles and fingers
6 Plants / live / in different places
7 They / can even live / on frozen surfaces
8 Go / outside / and meet / many different plants

| UNIT19 | A Rainstorm and a Snowstorm Are comming! | p.56 |

### 표로 정리하는 어휘

01 lightning / flash
02 thunder / loud
03 get / wet
04 cover / town
05 become / snowstorm
06 sidewalk / freeze

### 어휘로 정리하는 문장

01 Flash // Lightning / flashes
번쩍! 번개가 번쩍인다

02 Boom // Thunder / makes / a loud sound
쾅! 천둥이 시끄러운 소리를 낸다

03 If / it rains / for hours / it / can make / a flood
만약 몇 시간 동안 비가 온다면, 이것은 홍수를 만들 수 있다

04 I / stay / at home / because / I / don't want / to get wet
나는 집에 머문다, 왜냐하면 나는 젖게 되는 것을 원하지 않기 때문이다

05 Look // Snow / covered / the town
봐라! 눈이 마을을 덮었다

06 If / it snows / for hours / it / can become / a snowstorm
만약 몇 시간 동안 눈이 온다면, 이것은 눈보라가 될 수 있다

07 If / it becomes / cold / the sidewalk / freezes
만약 추워진다면, 인도는 언다

### 본문 문장 다시 쓰기 연습

1 Flash // Lightning / flashes
2 Boom // Thunder / makes / a loud sound
3 If / it rains / for hours / it / can make / a flood

4 I / stay / at home / because / I / don't want / to get wet
5 Look // Snow / covered / the town
6 If / it snows / for hours / it / can become / a snowstorm
7 If / it becomes / cold / the sidewalk / freezes

## UNIT 20 Our Town Map                                    p.59

### 표로 정리하는 어휘

01 in / town
02 on / map
03 next to / church
04 across / narrow
05 toward / south
06 see / school

### 어휘로 정리하는 문장

01 It / shows / many places / in our town
그것은 우리 마을 안의 많은 장소들을 보여준다
02 Let's go / to the little house / on the map
지도 위의 작은 집으로 가자
03 Where is / the house
그 집은 어디에 있는가
04 The house / is / next to the small church
그 집은 작은 교회 옆에 있다
05 A cute dog / lives / at the house
귀여운 개가 그 집에 산다
06 The bridge / is / across the narrow river
그 다리는 좁은 강을 가로질러 있다
07 The river / runs / toward the south
그 강은 남쪽을 향해 흐른다
08 Now / we / can see / the school
이제, 우리는 학교를 볼 수 있다

### 본문 문장 다시 쓰기 연습

1 It / shows / many places / in our town
2 Let's go / to the little house / on the map
3 Where is / the house
4 The house / is / next to the small church
5 A cute dog / lives / at the house
6 The bridge / is / across the narrow river
7 The river / runs / toward the south
8 Now / we / can see / the school